图像里的中国
China in Pictures

群雄的舞台

王海晨 杨晓虹 王希哲 编著

上海科学技术文献出版社
Shanghai Scientific and Technological Literature Press

图书在版编目(CIP)数据

群雄的舞台/王海晨,杨晓虹,王希哲编著.—上海:上海科学技术文献出版社,2019
（图像里的中国）
ISBN 978-7-5439-7863-8

Ⅰ.①群… Ⅱ.①王…②杨…③王… Ⅲ.①中国历史—研究 Ⅳ.①K207

中国版本图书馆 CIP 数据核字（2019）第 066851 号

策划编辑：张　树
责任编辑：李　莺
封面设计：樱　桃

群雄的舞台
QUNXIONG DE WUTAI
王海晨　杨晓虹　王希哲　编著
出版发行　上海科学技术文献出版社
地　　址　上海市长乐路 746 号
邮政编码　200040
经　　销　全国新华书店
印　　刷　昆山市亭林印刷有限责任公司
开　　本　720×1000　1/16
印　　张　11.75
字　　数　167 000
版　　次　2019 年 5 月第 1 版　2019 年 5 月第 1 次印刷
书　　号　ISBN 978-7-5439-7863-8
定　　价　68.00 元
http://www.sstlp.com

图像里的中国
TUXIANG LI DE ZHONGGUO
群雄的舞台

目 录
CONTENTS

曹操纵横天下 / 2
庆历新政与王安石变法 / 46
让贪官不寒而栗的皇帝 / 94
满族的兴起 / 114
康熙与郎世宁 / 158

群雄的舞台

曹操纵横天下

曹操，字孟德，小名阿瞒，沛国谯郡（今安徽亳县）人

千百年来对曹操的评价褒贬不一，誉之者称其为百世英雄，毁之者称其为逆贼奸臣。

曹操父亲曹嵩为宦官曹腾养子，曹腾为汉相曹参之后。其子曹丕称帝后，追尊他为太祖武皇帝，史称魏武帝。曹操精兵法，著有《孙子略解》等书；善诗歌，气魄雄伟，慷慨悲凉；散文亦清峻整洁。著作有《魏武帝集》。

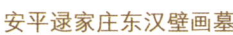

安平逯家庄东汉壁画墓

知识窗

中国人的名与字

中国人一生有许多名，第一个就是乳名，亦称小名，是在襁褓中由父母命定的。谱名，一个人在家族中的辈分，根据约定俗成的派语字辈取名。还有学名、笔名、艺名、化名等。除了名以外还有字，又叫表字。古代男子20岁结发（将头发盘成发髻）而举行冠礼时，要取字；而女子则是在15岁举行笄礼（即别上簪子束发）时取字，表示可以许嫁婚配。古人的字，往往是名的解释或补充，二者在字义上有一定联系。如诸葛亮，字孔明，亮与明同义。古人在成年之后，名只供长辈呼唤或自谦而用，社会上人际交往时多以字相称，以示尊重。

陈留起兵

曹操20岁时，被举为孝廉，入洛阳为郎。不久，被任命为洛阳北部尉。洛阳为东汉都城，皇亲贵戚聚居。曹操一到职，造五色棒悬在衙门左右，明令"有犯禁者，皆棒杀之"。皇帝宠幸的一个大宦官的叔父违禁夜行，曹操将他用五色棒处死。于是，京师城内秩序井然。

184年，各地爆发了大规模的黄巾军起义，乘天下大乱之际，西凉刺史董卓进入洛阳，杀死了太后和皇帝，新立献帝，自称相国，专擅朝政。时任典军曹操见董卓倒行逆施，逃到陈留老家，"散家财，合义兵"，拉起一支5000人的军队，加入了讨伐董卓的联军。

董卓被杀后，州郡牧守各据一方，形成诸侯割据的局面。曹操任兖州牧（州长官）期间，用计诱降黄巾军30余万，得人口百余万。曹操选其精锐，改编为自己的主要队伍，号"青州兵"，从此，势力大增。

曹操起兵之初，仅有数千人，经过6年的经营，有了一支颇具战斗力的军队和一块根据地。根据地和军队，是曹操得以成事的基本条件。

群雄的舞台

错银铜牛灯，东汉，1980年出土于江苏邗泉二号东汉墓

照明用具。灯座为一立牛，牛腹中空。灯燃时，可将烟垢送到牛腹内。除灯罩外，通体有流云状的错金银龙凤纹饰。据考证，此灯是东汉初广陵王刘荆墓出土

官渡之战：统一北方的战略决战

东汉末年，在镇压黄巾起义的过程中，各地州牧郡守独揽军政大权，形成大大小小的割据势力。在这些割据势力的连年征战中，北方的袁绍、曹操两大集团逐步发展壮大起来。建安元年（196年），曹操把汉献帝挟持到许昌，形成"挟天子以令诸侯"的局面，取得政治上的优势。第二年，控制了黄河以南，淮、汉以北大部地区，从而与占领青、幽、冀、并四州之地的袁绍沿黄河下游一线形成对峙局面。曹操、袁绍为了争夺中原地区的控制权，决战势在必行。

袁绍有军队数十万，后方巩固，兵精粮足。而曹操能用以抵抗袁绍的军队仅一两万人，且所占之地战乱连绵。199年，曹操与袁绍间发生了一场决定性大战——官渡（河南中牟）之战。战争初期，10万袁军南下，兵锋直指曹操老营许昌，曹操先用声东击西战术，诱敌深入，大败袁军。初战得胜后，曹操主动撤兵，退屯官渡，深沟高垒，坚壁不出，等待战机，如此阻扼10万袁军达半年之久。

同年10月，袁军将从河北运来的万余吨粮草囤积在袁军大营以北约20千米的乌巢（今河南延津东南）。曹操得知后，亲自率领步骑5000，冒用袁军旗号，人衔枚，马摘辔，

相关链接

衔 枚

"枚",防止喧哗的器具,就是小木棍,形如筷子。古书上常有"人衔枚,马摘辔"的描述,是说军队在行军作战中为了行动的隐蔽性,以达到突然袭击的目的,士卒嘴里含着一根小木棍,就没法说话了;摘下马脖颈上的铃铛,马在行走中就没有声响了。

夜走小路偷袭乌巢。乌巢粮草被曹操一烧而光的消息传来,袁军军心动摇,全线顿时崩溃。曹军乘势出击,歼灭和坑杀袁军7万余人,袁绍仅带800骑逃过黄河,退回河北。

官渡之战是袁曹双方力量转变、中国北部由分裂走向统一的一次关键性战役。

汉使持节护乌桓校尉出行图,内蒙古和林格尔汉墓壁画
乌桓,也称乌丸,生活在北方的游牧民族。乌丸是东胡的后裔,东胡在汉初被匈奴单于冒顿灭国,余部的一支逃到乌丸山,以山为号,这便是乌丸。乌桓各部世代为东汉守边,实际上成了一支世袭的雇佣军队,直到魏晋时期,乌桓铁骑仍名闻天下

刘备像

赤壁之战

曹操基本统一北方后，为了乘胜消灭江东的孙权和荆州的刘表，统一全国，在邺（今河北临漳西南）修建玄武池，训练水军，作向南方进军的准备。208年夏，曹操亲统大军南征。曹军还没到荆州，荆州牧刘表病亡，次子刘琮请降，依附刘表屯兵樊城（今属湖北省）的刘备，闻讯后率部南撤至夏口（今武汉境）。曹操沿江东进，逼近夏口。诸葛亮去求见孙权。诸葛亮详细分析曹军的种种弊端，阐明孙刘联合有望获胜的道理。孙权终于同意联刘抗曹。

这年十月，孙刘联军，在赤壁（今湖北省赤壁市）同曹操先头部队相遇。曹军多为北方兵士，不习水战，两军刚一接触，就吃了败仗。曹操被迫退回长江北岸，同联军隔江对峙。为了减轻船舰被风浪颠簸，曹操命令工匠把战船连接起来，在上面铺上木板。这样，船身稳定多了，人可以在上面往来行走，这就是所谓"连环战船"。

孙刘联军见状，拟采用火攻战术破曹。周瑜派人送信诈降曹操，暗地里准备了10艘大船，每艘船上都装满浸过油的干柴，外面裹着布幕。正好这天夜里刮起了东南风，10艘大船扯满了风帆，像箭一样驶向江北。

曹军将士听说东吴大将来降，纷纷挤到船头看热闹。没想到10条火船，像10条火龙一样，闯进曹军水寨。眨眼工夫，曹军水寨烧成一片火海。曹操的几十万大军被烧死的、战死的，再加上因水土不服得病死的，损失了一大半。曹操只好派部将留守江陵和襄阳，自己带兵回到北方去了。

赤壁之战以后，曹操被迫退据北方；孙权在长江中下游的势力得到巩固，刘备得到两湖大部分地区，后来又得四川。这样，三国鼎立局面基本形成。

赤壁之战遗址，位于湖北赤壁市西北的长江南岸，由赤壁山、南屏山和金鸾山组成，这三座小山起伏相连

 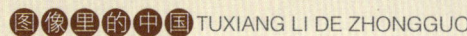

群雄的舞台

甘肃嘉峪关墙画墓壁画

河西走廊，经曹魏屯垦，农业有了显著的发展。在甘肃酒泉嘉峪关一带发现的多座曹魏至西晋的古墓中都砌有彩画砖，大都为一砖一画，幅面虽不大，却生动而广泛地反映了这一地区农牧业生产及墓主人的享乐生活场景。画中有扶犁的农夫、驱鞭放牧的少数民族、纵马射鹿的女猎手、且耕且战的兵卒、演奏琵琶的乐工等。这些作品系出自民间画工之手，风格质朴明快，描绘时信手挥洒，具有浓郁的西北地区农牧生活气息

曹操治魏

赤壁之战大败后,曹操采取一些措施,稳定内部,提出不拘品行、唯才是举的用人方针,网罗了大批人才,文学也得到了发展。

曹操还广泛屯田,开展农业生产。屯田并非曹操首创,自古有之。但曹魏屯田的规模和作用之大却是空前的。

曹操屯田分为军屯和民屯,屯田最基本的单位是"屯",每屯50人,设屯田司马管理。屯田民是国家佃客,官府提供土地,收获的谷物按比例分成。用官牛者,官六私四;不用官牛者,官私对分。军屯屯兵身份世代相传,如果兵士逃亡,罪及妻子儿女。

曹操屯田,不但使军队的粮草供应有了保障,加强了他的军事力量,而且结束了东汉以来农民与土地分离的问题,饥民减少,在交通要道附近屯田,还大大减轻了农民运粮的沉重劳役负担,更增加了他的政治力量,为其在三国逐鹿中争取了优势,并为统一北方奠定了基础。

群雄的舞台

助文姬归汉

文姬，指蔡文姬。蔡文姬是东汉著名学者蔡邕的女儿。蔡邕是东汉末年的一个名士，董卓掌权时，对他十分敬重，3天里连升3级。董卓被杀时，蔡邕叹了口气。这一叹惹来了杀身之祸。蔡邕的女儿名叫蔡琰，字文姬，跟她父亲一样，是个博学多才的人。她父亲死后，战乱中她被掳掠到匈奴，后为匈奴左贤王所得，生二子，在匈奴12年。

随着曹操军事力量的不断强大，中国北方遂趋于统一。在这一历史条件下，曹操出于对故人蔡邕的怜惜与怀念，"痛其无嗣"，乃遣使者以金璧将蔡文姬从匈奴赎回国中，让她整理蔡邕所遗书籍

南宋《文姬归汉图》，作者佚名

400余篇，为中国文化的传播做出了贡献。这就是历史上所谓"文姬归汉"的故事。

汉献帝封曹操为魏公，加九锡，割冀州的河东、魏郡等10郡以为魏国封地。曹操封魏公后，所任丞相和冀州牧如故，权势愈来愈大。曹操建魏国社稷宗庙，又在魏国内设置尚书、侍中。216年，又进封魏王。有人劝曹操代汉称帝。曹操自己还不想废献帝自立，他说："若天命在吾，吾为周文王矣。"220年，曹操病死于洛阳，终年66岁。这年10月，曹丕代汉称帝，国号魏，追尊曹操为太祖武皇帝。

金代《文姬归汉图》，绢本设色，纵29厘米，横129厘米，吉林省博物馆藏
此卷画东汉末年文学家蔡邕之女文姬归汉的故事，真切地描绘出长途跋涉的气氛和朔风凛冽的塞外环境。笔墨遒劲简练，富于变化，设色浅淡丰富，典雅和谐。画左上方署款"祗应司"。"祗应司"为金代设置机构，由此可证为金代作品。画上钤有明万历"皇帝图书"等三玺，清代乾隆、嘉庆、宣统等藏印

群雄的舞台

《文姬归汉图》，宋代陈居中绘，宁宗嘉泰间的画院待诏，工画蕃骑人物

此图描绘东汉末年著名女诗人蔡琰（文姬）被匈奴掳去，曹操遣使赎回的故事。左贤王接见前来迎接文姬的汉使，并与文姬后酒话别。画中人马分三段罗列，构成明显的空间效果，背景佐以土坡、黄沙、枯木，北国广大凄寒的地域特色跃然纸上。画中马匹结实强健，更增几分塞外气候凛冽的感觉。

文姬、左贤王、汉使皆以织毡为座席。左贤王盘腿朝南，占据画面上首位置；汉使则跪而面北，居于下位。仿佛暗示着南宋中期，宋、金数度缔约议和，胡、汉之间"主从异位"的关系

知识窗

九锡

锡，古代通"赐"字。天子赐给臣下的九种器物：车马、衣服、乐、朱户、纳陛、虎贲、弓矢、斧钺、秬鬯。九种特锡各有其寓意：有大德的人赐以车马；能使一方百姓安居乐业的官员赐以衣服；使一方官民和顺、一片祥和的人赐以乐器；人丁兴旺者赐以朱户；能进善言、献妙计者赐以纳陛（纳陛，似今天的贵宾专用通道）；能击退凶恶敌人的军人赐以虎贲（如虎逐野兽般英勇的卫士）；能征伐不义者赐以弓矢（红、黑色的专用弓箭）；能诛有罪者赐以斧钺；孝道者赐以秬鬯。

诸葛亮：中国古代智慧的化身

在漫长的中国历史中，被后世称为"英雄"的人物不计其数，有武英雄，文英雄，但文武英雄少之又少，诸葛亮在许多人心目中是位文武大英雄。年轻时隐居隆中伺待时机；经刘备三顾茅庐才出山，辅佐刘备联吴抗曹，建立蜀国；后辅佐刘禅治蜀，南征北伐，七擒孟获，五出祁山，最终病死五丈原。诸葛亮一生鞠躬尽瘁，死而后已，至今仍令中国人所尊崇。

诸葛亮（181—234），字孔明，琅琊（今山东省临沂市）人诸葛亮的父亲曾任泰山郡丞，8岁时，其父去世，由叔父诸葛玄收养。后随叔父投奔荆州牧刘表，没多久，叔父诸葛玄去世。诸葛亮在当时的荆州南阳郡邓县隆中盖了几间草屋，种了几亩（1亩约为666.67平方米）土地，过着隐居的生活。诸葛亮在隆中隐居了10年，直到27岁遇到刘备

隆中对

官渡之战后，刘备被曹军大败，逃到荆州，投奔荆州牧刘表。刘备是汉景帝之子中山靖王刘胜的后代，因功被汉代朝廷封过县丞、县尉、县令。刘备也曾被曹操封为将军，而且曾与曹操出则同车，坐则同席。但刘备不忘汉室复兴，当汉献帝因不满曹操，命其岳父诛杀曹操时，刘备也加入行动，反被曹

相关链接

县令、县丞、县尉

一县的行政长官。秦汉按县的人口多寡，万人以上的县置县令、以下的县置县长。唐代不再分令、长。元称县尹，明清称知县。

县丞，始置于战国，秦汉相沿。为县令之辅佐，历代所置略同。

县尉，始置于秦，两汉沿袭。掌一县的治安及军事，历代所置略同。

三顾堂，位于古隆中群山环抱之中，东距湖北襄阳城13千米。诸葛亮于东汉末年曾在此学习、生活。刘备"三顾茅庐"的故事和脍炙人口的"隆中对"就发生在这里

操追杀。

刘备为实现自己的理想，求贤若渴。经人推荐，207年，刘备亲至襄阳隆中（今湖北襄阳西）访问隐居在那里的琅琊名士诸葛亮。

刘备三访隆中，诸葛亮终于被刘备的诚意所感动，在自己的草屋里接待了刘备。诸葛亮为刘备分析天下形势："曹操拥兵百万，而且在政治上窃得'挟持天子以令诸侯'的优势，仅凭武力难以胜曹；孙权占据江东已经三代，而且江东地势险要，民心归顺，只能和他联合，不能打他的主意。"接着，诸葛亮分析了荆州和益州（今川、云、陕、甘、贵的一部）的形势，认为荆州是一

《三顾茅庐图》，明代，戴进

个军事要地，南临长江，北依汉水，西控巴蜀，南通湘粤；益州土地肥沃广阔，向来称为"天府之国"。"将军是皇室的后代，天下闻名，如果能占领荆、益两州，对外联合孙权，对内整顿内政，一旦有机会，就可以以荆州、益州为根据地，攻击曹操。到那时，功业可成，汉室可兴。"

　　刘备听后，极为敬佩，于是极力恳请诸葛亮帮助他完成大业。诸葛亮见刘备礼贤下士，心胸开阔，抱负远大，便答应了刘备的请求。从此以后，诸葛亮成了刘备的军师。后来，人们把这件事称作"三顾茅庐"，把诸葛亮这番谈话称作"隆中对"。

白帝城托孤

220年，曹操病死，其子曹丕废掉汉献帝，自称皇帝。第二年，在诸葛亮等人的建议下，刘备在成都即帝位，国号为汉，以诸葛亮为丞相。称帝仅3年，刘备因征战劳顿，在白帝城一病不起。临终前，对诸葛亮说："你的才华是曹丕的十倍，一定可以安定国家，成就北伐大业。如果我的儿子刘禅可以辅佐，你就辅佐他；如果他不争气，你可以取而代之。"刘备又告诫长子刘禅："你与丞相共事，侍奉丞相应如侍奉父亲一样。"

白帝城托孤堂图

白帝庙

三国蜀汉皇帝刘备临终前在白帝城永安宫向丞相诸葛亮托孤。白帝庙内现陈列有"刘备托孤"大型泥塑

刘备去世后，诸葛亮辅佐刘禅登基，诸葛亮被封为武乡侯，以丞相身份兼任益州牧，全力辅助刘禅。而刘禅也恪守父命，蜀国军政大小事务，都交由诸葛亮裁决。

七擒孟获

诸葛亮受刘备托孤遗诏，立志北伐，重兴汉室。就在准备北伐时，蜀汉南部（云、贵、川的南部）一些少数民族来犯，诸葛亮点兵南征。出师前，他采纳部将建议，确定了以抚为主的攻心战术。首战，诸葛亮就大获全胜，擒住了进犯蜀国的首领孟获。但孟获不服气，诸葛亮下令放了孟获。没过多久，诸葛亮用计第二次擒获了孟获，孟获还是不服，诸葛亮又放了他。诸葛亮认为：只有以德服人才能真的让人心服，以力服人将必有后患。半夜时分，孟获派人前来诈降，被诸葛亮识破，孟获再次被擒获。孟获仍不服气，孔明便第三次放虎归山。一天，孟获听说诸葛亮一个人在阵前察看地形。他立即带人捉拿诸葛亮，不料，又一次成了瓮中之鳖。诸葛亮再次放了他⋯⋯

经过七擒七纵，孟获终于心服口服，跪地起誓，以后不再反叛。诸葛亮见他已心悦诚服，于是，仍然委任孟获在当地为官。从此，蜀汉南顾之忧解除，而且从南方调拨了大量人力物力，充实了蜀汉的财政力量，从而可以专心于北方，挥兵北进了。

群雄的舞台

北伐曹魏

北伐曹魏，统一中原，是诸葛亮在《隆中对》里早就提出的目标。227年，诸葛亮向刘禅上了《出师表》，对后方的政治、军事做了妥善的安排后，便开始率军北伐曹魏，7年间共6次出师，俗称"六出祁山"。诸葛亮6次与曹魏的战争，实际上一次为防御战，5次为主动出击，而从祁山出兵仅2次，所以"六出祁山"的说法并不准确。

228年，诸葛亮派兵将魏军部分主力吸引到郿县一线，自己亲率大军出祁山（今甘肃西和祁山堡）。诸葛亮兵锋所向，魏军望风西逃，蜀军取得了节节胜利。然而因马谡自恃精通兵法，不听诸葛亮指挥，失掉要地街亭，被魏军切断水道。诸葛亮进无所据，只好率军退回汉中。

同年冬，曹军主力东下攻吴，诸葛亮趁机再次北伐，兵出散关（今陕西宝鸡西南），围攻陈仓（陕西宝鸡），因20多天不克，粮草将尽而退兵。

229年、231年，诸葛亮又分别进行了北伐，虽然取得了一些局部战斗的胜利，但始终未能与魏军主力决战，而且因为粮食运输的问题，均无功而返。

第四次北伐失败后，诸葛亮用了3年时间做准备，他设计了"流马"来运输粮草，并且和孙权约好同时伐魏。234年春，诸葛亮

广元古栈道，位于今四川省广元市北54里（27千米）处的老虎嘴绝壁上。这一段古栈道在先秦时代已建成，诸葛亮为北伐曹魏，对栈道进行了修整扩建，使之成为调兵遣将、运送粮草的通途

武侯祠，位于四川成都南郊。唐朝大诗人杜甫曾有诗写到它："丞相祠堂何处寻，锦官城外柏森森。"

诸葛亮为蜀汉丞相，生前曾被封为"武乡侯"（武乡在今汉中市的武乡镇），死后又被刘禅追谥为"忠武侯"，因此历史上尊称其祠庙为"武侯祠"

亲率10万大军，在五丈原（今陕西），与魏军隔渭水对峙。对峙了半年，与诸葛亮同时出兵的孙权兵败而退回江南。这年八月，诸葛亮积劳成疾，病逝于五丈原，时年54岁。

诸葛亮想统一中原的愿望并没有实现，但是他的智慧和品格，一直被后代传扬。人们称赞他对蜀汉政权忠心耿耿，尤其是刘备死后，可据帝位而不据，甘心辅佐幼主。他娴熟韬略，多谋善断，长于巧思，曾革新"连弩"，可同时发射10箭；做"木牛""流马"，便于山地运输；推演兵法，作"八阵图"。在民间传说中，诸葛亮就是智慧的化身。在一篇相传是他写的《后出师表》里，有两句话，叫作"鞠躬尽瘁，死而后已"，人们认为这正是对他一生的评价。

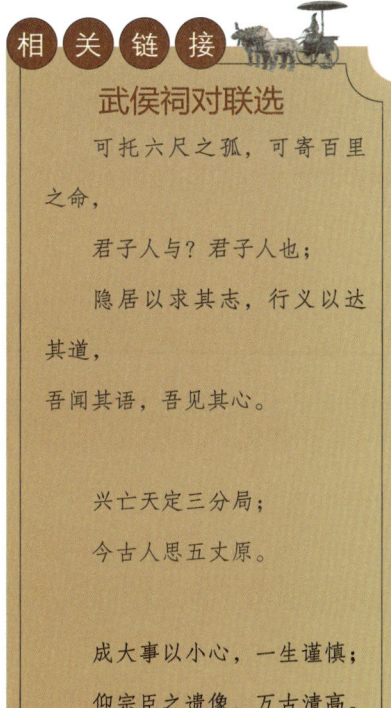

相关链接

武侯祠对联选

可托六尺之孤，可寄百里之命，
君子人与？君子人也；
隐居以求其志，行义以达其道，
吾闻其语，吾见其心。

兴亡天定三分局；
今古人思五丈原。

成大事以小心，一生谨慎；
仰宗臣之遗像，万古清高。

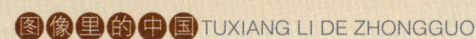

群雄的舞台

杨柳青年画:《竹林七贤》

名士风流与魏晋风度

中国历史数千年,一提到三国两晋南北朝,了解历史的人自然会想到这是一个政权更迭频繁、社会动荡不安的时代,与此同时,人们也会想到这是一个个性张扬、群雄并起的时代。门阀林立、等级森严是这个时代的主要特征,名士风流是这一时代的缩影,而政治上的动荡与士人的个性张扬又为这一时代蒙上了一层悲剧的色彩。

东汉末年,朝政黑暗,大批太学生与清流官员遭逮捕、被杀戮,少数人侥幸保住了头颅,但被迫离开官场,隐遁山林。与此同时,东汉政权的基础也遭到致命的损伤,并在随后的社会动乱中迅速走向了崩溃。正是在这样的背景下,魏晋名士登上了历史舞台。

魏晋名士，一般是指在社会上具有一定名望、德操的卓异之士，他们中多为上品士族子弟，他们独特的人生态度与人生表现，被后世称为"魏晋风度"，或曰"名士风流"。

魏晋名士风流的人生表现形形色色，概括起来说：一是清谈著述；二是放达不羁；三是崇尚艺术；四是喜酒好乐。最能体现魏晋名士风流的是"竹林七贤"。

"竹林七贤"是对魏末晋初7位名士的合称，分别是嵇康、阮籍、山涛、向秀、刘伶、王戎及阮咸。7人常聚集在当时的山阳县（今河南辉县西北一带）竹林之下，相约畅饮，抚琴吟诗，借酒浇愁，人称"竹林七贤"。

"竹林"领袖：嵇康

"竹林七贤"中，嵇康"丰神俊逸，博洽多闻，性好老庄"，实为"竹林七贤"中的领袖人物。

嵇康，幼年丧父，励志勤学。史书上称他是少有奇才，无师自通，学识渊博。22岁时，娶曹操曾孙女为妻，在曹氏当权的时候，做过议事官——中散大夫。嵇康虽为曹氏集团的亲戚，但他心里明白，有皇权虚名的曹魏集团和有军事实权的司马氏集团之间必有一场恶战。为躲避锋芒，嵇康离开了京城洛阳，仗剑出游到河内郡山阳县。嵇康年纪虽不大，学问却极好，朋友们都以他为"核心"。由于嵇康从洛阳迁居到山阳，洛阳的朋

山涛（205—283），字巨源。在"竹林七贤"中年龄最大，40岁时，投靠司马氏，仕途平步青云。山涛推荐好朋友嵇康来洛阳做官，没料到嵇康不但不领情，还与他绝交。然而，嵇康在刑场临死前将自己的儿女托付给了山涛，留言道"巨源在，汝不孤矣"。在嵇康被杀后20年，山涛荐举嵇康的儿子为秘书丞

群雄的舞台

此图描绘王羲之坐于岸边水榭之上,周围溪山环抱,景色宜人。雾中竹影稀疏,或隐或现;对岸小溪自远处流来,注入江中,境界苍茫深远,令人神往。笔法雄放,浓淡晕染,自有一股清奇之气。

友们也追踪而至。几位好友于竹林间临水赋诗、纵情酣饮、高谈阔论、抚琴吟啸,一时传扬朝野,此地也成为"竹林圣地"。

嵇康从小喜欢音乐,并对音乐有特殊的感受能力,有极高的天赋。他精于吹笛,妙于弹琴,善于音律。他创作的《长清》《短清》《长侧》《短侧》四首琴曲,被称为"嵇氏四弄",与蔡邕创作的"蔡氏五弄"合称"九弄",是中国古代一组著名琴曲。隋代曾把弹奏《九弄》作为取士的条件之一,足见其影响之大。

嵇康对名目堂皇的教条礼法不以为然,更对尔虞我诈的官场深恶痛绝。他宁愿在洛阳城外当一个默默无闻的铁匠,也不愿在官场为官。他的朋友山涛向朝廷推荐他做官,他毅然与山涛绝交。还写了一篇《与山巨源绝交书》的奇文,称"志气所托,不可夺也","不可……已嗜臭腐,养鸳雏以死鼠也"。

不幸的是，嵇康杰出的才华和清高的处世风格，最终招来了杀身之祸。他提出的"非汤武而薄周礼"的主张，刺痛了当国者的要害。262年，嵇康被处以死刑。临刑前，3000太学生请求朝廷赦免嵇康，并要拜嵇康为师，这种要求当然不会被接纳，使"海内之士，莫不痛之"。嵇康要来一架琴，在刑台上，面对成千上万前来为他送行的人们，弹奏了最后的《广陵散》。弹毕之后，嵇康从容地引首就戮，时年仅39岁。

 "正始之音"的代表：阮籍

"正始之音"，是指魏晋谈玄风气。"正始"是魏王曹芳的年号（240—249年在位），曹芳8岁登基，王族衰微，政局混乱。此时许多有骨气、有思想的文人屡遭杀害。阮籍本来有满腔的济世鸿志，曾登广武城，观楚、汉古战场，慨叹"时无英雄，使竖子成名"！但不满当时的政治。朝廷召阮籍为参军，他托病辞官归里，或闭门读书，或登山临水，或酣醉不醒，或缄口不言。在这样的心境下，阮籍通过比兴、象征、寄托，藉古讽今，寄寓情怀，形成了一种"悲愤哀怨，隐晦

相关链接

《广陵散》

古代扬州称"广陵"，"散"是操、引乐曲的意思，《广陵散》，是古代一首流行于广陵地区的大型琴曲，它萌芽于秦、汉时期，至少在汉代已经出现。主要描写战国时代一铸剑工匠之子为报杀父之仇，刺死韩王，然后自杀的悲壮故事。旋律激昂、慷慨，直接表达了反抗复仇精神，具有很高的思想性及艺术性。或许嵇康也正是看到了《广陵散》的这种反抗精神与战斗意志，才如此酷爱《广陵散》。

群雄的舞台

阮籍（210—263），三国魏诗人，字嗣宗，陈留尉氏（今属河南）人，是建安七子之一阮瑀的儿子。曾任步兵校尉，世称阮步兵。崇奉老庄之学，政治上则采取谨慎避祸的态度。与嵇康、刘伶等7人为友，常集于竹林之下肆意酣畅，世称"竹林七贤"

曲折"的诗风。除诗歌之外，阮籍还长于散文和辞赋。今存散文9篇，其中最长及最有代表性的是《大人先生传》。

　　正始末年以后，阮籍济世热情彻底消失，行为也越来越怪僻、放浪。他驾着牛车出门，漫无目的，随牛而行，直到无路可走了，才不得不痛哭而返。他的儿子也想学他的样子，结果被他痛骂了一顿。可见，阮籍放浪形骸，属于无奈，不得已的苦衷难以言表。

　　行为放诞而不守礼法，是魏晋名士的一种生存方式。阮籍孝顺异常，然而，他又蔑视礼教的束缚。母亲死的时候，他正和别人下棋，对手示意停下来，他执意决出胜负，胜负一出，阮籍痛哭，口中吐血一摊；母丧期间，他照样赴宴，无所避忌。京畿总卫戍司令当面指责阮籍纵情悖理，伤风败俗，阮籍对此不屑一顾，照样吃喝，神色自如。为了消愁，他时常去酒店饮酒，喝醉了就若无其事地躺在女主人旁边大睡，根本不把男女授受不亲放在眼里。阮籍的古怪在时人看来不可思议，实际上，这正是他不拘礼法、心地纯真、坦荡品格的外现。

阮籍的名声很大，司马昭托媒想为自己的儿子娶阮籍的女儿。阮籍闻知后，天天酒醉不醒，媒人每次来，他都大醉不语。两个月中，媒人没法开口，婚事只能作罢。

纵酒放达的刘伶

纵酒放达是"竹林七贤"的共同特点，而纵酒放达之最，当为刘伶。刘伶，西晋沛国（今安徽宿州）人。平生嗜酒如命，曾作《酒德颂》，宣扬老庄思想和纵酒放诞之情趣，对传统礼法表示蔑视。他常常脱光衣服，在屋中自饮，家里来人了，也不穿衣服，人们讥笑他。他却说："我以天地为栋宇，屋室为裤衣。你们为何进到我的裤子里边来？"

他的《酒德颂》，写的是一个德行高尚的老先生，视万年为须臾，看日月为门窗，将天地八荒作为庭道。行走无一定轨迹，居住无一定房屋。以天为幕，以地为席，放纵心意，随遇而安。只知沉湎于杯酒，不知其他……捧着酒瓮，衔着酒杯，喝着浊酒。拨弄着胡须，伸腿箕踞而坐。枕着酒曲，垫着酒糟。无思无虑，其乐陶陶。昏昏沉沉地喝醉，又猛然清醒过来。安静地听，听不到雷霆之声；仔细地看，看不见泰山的形体，感觉不到寒暑近身。俯瞰万物，犹如萍之浮于江海，随波逐流，不值一提。

魏晋名士的突出代表"竹林七贤"，皆好老庄之学，谈玄嗜酒，言行怪异，其中嵇康、阮籍、刘伶等人放浪形骸、不

知识窗

青白眼

青眼，黑眼珠。眼睛正视时，黑眼球居中，故青眼表示对人尊重。白眼，眼睛斜视时则现出眼白，所以"白眼"是对人轻视或憎恶的表示。阮籍"旷达不羁，不拘礼俗"。嵇喜庸俗，虽然是参加阮籍母亲的丧礼来了，阮籍仍用斜眼看他；嵇康高雅，又同为"竹林七贤"之属，所以，阮籍正眼待之。后世以青眼表示对人尊重，白眼表示对人轻视。

拘礼法。由于清谈玄学和生活放达之风在当时社会流行，"竹林七贤"成为东晋及南朝士族追慕的人物，也为诗人、画家不断吟咏和描绘，取代汉代忠臣、孝子、节妇，成为社会的楷模。画家顾恺之、陆探微等人都画过"竹林七贤"题材，只可惜这些画早已不存。

 南京：六朝古都

自229年吴王孙权称帝开始，至589年隋灭陈统一中国止，360年间，先后有三国时期的孙吴、东晋、南朝的刘宋、萧齐、萧梁、陈六个王朝在建康（今南京，孙吴时称建业）建都。历史上习惯将这六个王朝统称为六朝。"六朝古都"的称呼就是这么来的。

南京建城第一人：范蠡，春秋后期越国名臣，字少伯，楚国宛（今河南南阳）人

南京建城之始

公元前472年,越王勾践灭吴后,曾命大夫范蠡在现在的南京筑城,称为越城。南京古代地属"吴头楚尾",为兵家必争之地。由于地理位置重要,越城虽小,对当时越国防楚、伐楚相当重要,灭吴之后越国之所以立足江南百余年而不灭,这恐怕也是一个原因。越城究竟是个什么样,无从考证,但它是南京有确切年代可考的最早古城,它是南京建城史的起点。

公元前333年,楚威王欲借长江天堑为屏障以图谋天下,打败越国后,埋金以镇"王气",并于石头山(今清凉山)建城,置金陵邑。这是南京设置行政区的开始,也是南京称为"金陵"的发端。

秦始皇统一六国后,曾5次出巡,两过今天的江苏。路过南京时,"望气者言:五百年后金陵有天子气",秦始皇命人开山,引淮水入金陵境内,以泄散王气,并将金陵邑为秣陵县。秣,就是草料,意思是这里不配称金陵。

相关链接

南京为何又称"金陵"?

南京,在历史上的名称数十个,其中最雅致的莫过于"金陵",最神秘的也莫过于"金陵"。"金陵"之名由何而来,学界大致有三说:一说,陵即是山,金陵就是金色的山,金色的山是哪座山呢?即今天南京的钟山,钟山最早称金陵,因山立号,而称金陵。城名源于山名。第二说,楚国之所以称金陵,因为石头城旁原有一"华阳金坛之陵",故号金陵。因金坛得名。另一说,是"埋金"说。楚威王占领南京后,听说此地"有王气",感到非常恐惧,于是命人在江边埋金。"因埋金以镇之,号曰金陵。"究竟何说为确,难以定论。

群雄的舞台

第一个在南京建都的人。孙权（182—252），字仲谋，吴郡富春（今浙江富阳）人，三国吴国的建立者

"六朝古都"第一朝

三国时代，诸葛亮曾出使东吴，与孙权共商破曹大计。诸葛亮途经秣陵县时，看到以钟山为首的群山，苍龙般蜿蜒蟠伏；以石头山为终点的西部诸山，猛虎般雄踞于大江之滨，于是发出了"钟山龙蟠，石头虎踞，真乃帝王之宅也"的赞叹，并建议孙权迁都秣陵。

孙权自200年成为江东一方霸主，30年后在武昌（今湖北）即皇帝位，立国号为吴。

称帝的第二年，孙吴在石头山楚国金陵邑旧地筑石头城。石头城以清凉山西坡天然峭壁为城基，环山筑造，周长"七里一百步"，相当于现在的3000米左右。北缘长江，南抵秦淮河口，城依山傍水，夹淮带江。城内设置有石头库、石头仓，用以储军粮和兵械。在城墙的高处筑有报警的烽火台。当时长江就从石头城下流过，孙吴将此处作为水军基地。此后数百年间，这里成为战守的军事重镇，南北战争，往往以夺取石头城决定胜负。

229年，孙权将都城由武昌迁于秣陵，并改秣陵为建业。定都建业之后，孙吴致力于兴修水利，屯田开发，吴都建业城几十年间发展成为长江下游新崛起的第一大城市。

东晋改建业为建康

三国时期,魏国的实权人物司马昭执掌魏国朝政时,每每想取代魏国,故有"司马昭之心,路人皆知"之说。265年,司马昭病发身亡,其子司马炎废魏帝,改国号为晋。晋立国10多年后,南下进攻建业(今南京),东吴请降,中国出现了暂时的统一。

西晋初期,改建业为"建邺",司马邺当上皇帝后,为避讳,改"建邺"为"建康"。

晋愍帝司马邺于316年被匈奴贵族建立的汉国围困在长安,最后出降,西晋王朝终结。西晋是中国历史上统一的王朝,也是短命的王朝,仅历4帝52年。西晋还是中国历史上第一个被少数民族政权推翻的王朝。

西晋灭亡后,一些晋朝旧臣并不甘心亡国的命运,仍在全国各地积极活动,准备恢复司马氏的统治。317年,琅琊王司马睿在南渡过江的中原士族与江南士族的拥护下,在建康称帝,国号仍为晋,因

南京古石头城遗址
这里古为长江故道,江涛逼城,形势险峻。东汉末,孙权依山傍江筑石头城作为军事堡垒。所谓"石城虎踞"指的就是这里

东晋黑釉鸡首瓷壶

其继西晋之后偏安于江南,故史家称之为东晋。

西晋灭吴时,因为没有受到有力的抵抗,因而,南方并没有受到太严重的破坏。后来中原社会动荡,近百万官民先后渡江南来,少数士族豪门集中居住在建康宫城附近,大部分流民分散在建康城外。

江南名士与渡江南来的中原人士同在一城,有了更多的交流机会,客观上促进了社会文化的发展。北方的手工业技术与南方的技术相互融合,将东晋的手工业水平提升到了一个历史新高度。

南北精英荟萃于建康一城,共同创造了建康的繁荣经济和绚烂夺目的文化。当时的建康凭借着江南的富庶而日

知识窗

避讳

避讳,约起于周,成于秦,盛于唐宋。避讳的对象主要是君主、长官、长辈和圣贤。避讳的方法有改字、空字和缺笔。

改字又分改姓氏、改名字、改地名、改官名、改物名、改书名等。如司马迁撰《史记》,为避秦始皇父亲子楚讳,改"楚"为"荆"。《汉书》为避刘邦讳,改"邦"为"国"。汉明帝名刘庄,当时把《庄子》改为《严子》。

空字法有两种,一是遇到需要避讳的字,则空其字而不写;二是用空围"囗""某""讳"来代替。如许慎著《说文解字》为避汉光武帝刘秀讳,把"秀"字,注"上讳"二字。缺笔法就是遇到需要避讳的字,在原字基础上缺漏笔画,多为最后的一二笔。

西晋兽纹金饰牌
北方民族经常骑马,需要佩戴皮带,饰牌就是腰带扣上的饰件。这个金饰牌以驯兽为主题,反映少数民族入主中原前的游牧生活

益奢侈浮华。城内遍布离宫别馆和深门豪宅,宫阙池苑,华丽无比。东晋时由于都城建康人口的增加,工商业区和住宅区都较东吴时有所扩大。原来的繁华地区开始向东面的秦淮河两岸和青溪方向发展。秦淮河两岸变成当时最繁华璀璨的地方。沿岸密布酒楼馆妓,歌舞丝竹不绝于耳,达官贵人在此宴饮游乐、文人在此吟诗唱和。秦淮河两岸不仅商业发达,豪门大族的高级住宅也多建于此。朱雀桥东面的乌衣巷,原为东吴禁卫军"乌衣营"所在地,此时变成了最大的士族王导、谢安的府第所在地。因王、谢两大豪门望族在此建宅,"乌衣巷"也变成了显赫、富贵的代名词。

东晋陶女俑

南朝四个王朝相继以建康为都

东晋之后,宋、齐、梁、陈四个王朝,相继以建康为京都,史称南朝。420年,刘裕废除晋恭帝,自立为帝,国号宋,都建康,历史上称作刘宋。历时104年、共11帝的东晋王朝结束,南北朝时期开始。

南朝各代,存在时间都比较短,所以,有诗说:"一国兴来一国亡,六朝兴废太匆忙。"

宋王朝,首尾60年,共有8个皇帝主政于建康。刘宋前期,曾出现史称

群雄的舞台

刘裕（363—422），曾任东晋太尉、中书监，执掌朝权。420年，手下之人拟好禅位诏，献于刘裕，他拿到晋恭帝处让其抄录。刘裕登上皇位

《陈废帝像》，唐代画家阎立本绘

陈后主（553—604），即陈叔宝，南朝陈皇帝。在位时大建宫室，生活奢侈。隋兵南下时，恃长江天险，不以为意。隋兵入建康（今江苏南京）时被俘。后在洛阳病死，追封长城县公

"元嘉之治"的繁荣时期，《资治通鉴》称之"江左风俗，于斯为美，后之言政治者，皆称元嘉焉"。

东晋末年，刘裕曾攻破后秦都城长安，"帝入长安，收其彝器、浑天仪、土圭、指南车、记里鼓、秦汉大钟、魏铜蟠螭等"，悉数运回建康，至刘宋初年，建康有藏书60000多卷。元嘉年间于建康立儒、玄、文、史4学馆；以后建康文论、史学等发展到高峰，无不凭借这些文献图籍。刘裕将北方官营手工业的"百工"也迁来建康，并设立锦署于都城南郊，使建康丝织业水平提高。

南齐共历24年，对建康城的最大贡献，是建康都城砖砌城墙始于南齐。

在南朝诸帝中，梁武帝堪称翘楚。梁武帝萧衍（464—549），出生于建康同夏里。南齐末年，任雍州刺史时，乘机

打造兵器，整治舟船，等待天下大变。500年，举兵攻入建康城，掌握南齐王朝的实权。两年后，迫使齐和帝禅位于己，正式称帝。即位之后，施行了一系列整顿措施，减免赋税，劝课农桑，多次诏令各地兴修水利设施。恢复太学，建学校、修孔庙，亲自为太学生讲课，著述《孝经义》。

梁武帝崇佛，不但在建康城广建佛寺，而且3次舍身同泰寺。在他统治下，出现了"文化盛世"，而建康是其中心。

梁武帝在位期间，建康京邑范围扩大，人口迅速增加，宫阙壮丽。宫城内，新作太极殿，"内外并以锦石为砌"。经过梁武帝这一番新建改作，建康都城形制渐趋周正。

经东晋、南朝两三百年的营建，又由于中国南部经济、文化的发展，作为六朝都城的建康，自然也就成为当时全国

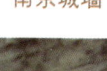

南京城墙

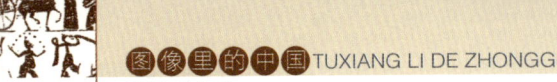

群雄的舞台

相关链接

阙

古代用于标志建筑群入口的建筑物。常建于宫殿、宅第、祠庙之前,用以显示威严、门第、崇尚礼仪等。阙多为仿木的石砌实体,阙身上部有车马、四灵等浮雕。

江苏南京鸡鸣寺

鸡鸣寺本是三国吴后苑,晋为廷尉署。南北朝时无论北朝的北魏,还是南朝的东晋、宋、齐、梁、陈,佛教莫不鼎盛。当时南朝的都城建康有寺院数百所,僧众10万余人。其中梁武帝所建的同泰寺,居金陵诸寺之首。梁武帝经常到寺里说法讲经,听众逾万,并曾先后3次舍身到同泰寺为僧,后同泰寺毁于兵火。其后历经更迭,易名为鸡鸣寺

经济文化中心。

东晋、南朝时期的手工业日益发达。江南农妇绩麻织布技术更加熟练,出现了"夜浣纱而旦成布者",俗呼为"鸡鸣布"。驰誉北方的"越布",也是由建康运往北方销售的。

东晋锦鞋,1964年出土于新疆吐鲁番阿斯塔那古墓。新疆维吾尔自治区博物馆藏

此鞋的色彩保存十分完好,鞋上的大红、土黄、浅黄、普蓝等色彩清晰可见。鞋的侧面有4个横向的色条,最上面是大红色的口沿,然后分别是以普蓝、土黄、蓝绿为底色的3个显花纹彩条。在鞋的正面,共有9道横向色条:最上部是红地白花口沿;然后是一道以白、灰黑为主的过滤彩条;接下来,在白色的底上分别用红、灰黑、黄等色织出"富且贵""宜侯王""天延命长"三行汉隶铭文,这是该鞋最为精彩之处

五胡十六国时期的汉胡互化

自三国、两晋至南北朝的几百年间,中国社会出现了自北而南的民族大迁徙、南北民族大杂居和空前的民族大融合。各民族在迁徙中坚守着自己的文化,在杂居中彼此吸纳对方的文化,在融合中发展着优秀文化,表现尤为突出的是游牧与半游牧民族的"胡文化"与中原农耕居民的"汉文化"的冲突、碰撞,在冲突、碰撞中走向以汉文化为核心的融合。

从三国曹魏时起,史称"五胡"的匈奴、鲜卑、羯、氐、羌等北方游牧民族,由于多种历史原因,大都大规模地陆续南迁至中原各地。自匈奴人刘渊建国到北魏统一北方的130多年时间里,匈奴、鲜卑、羯、氐、羌"五胡"先后在中原建立起20个民族政权,后人将这一时代概称为"五胡十六国"。

"五胡十六国"时期,北方游牧民族南下,进入汉族农业区,必然为先进的社会所同化,这就是所谓"汉化"。汉族农业区突

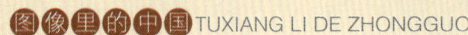

群雄的舞台

北魏时期鲜卑族镇墓兽

然来了大批的游牧民族，游牧民族许多生活习惯，必然影响传统农业区，这就是所谓的"胡化"。

胡人南迁，第一次目睹了比本民族更先进的汉文化，并逐渐认识到：要想进军中原，必须学习汉文化。十六国无一例外地模仿汉族政权组织形式，大量吸收汉族中文化素养高的世族人士进入国家管理高层，这是汉化的重要内容。同时，由于十六国政权都没有自己的文字系统，更谈不上文化典籍，所以，各族统治者立国之后，出于统治的需要，都无一例外地兴建学校，学习汉字，以儒家典籍为课本，培养统治人才。通过学习汉文典籍，各少数民族逐渐谙熟汉文化，认同汉文化，扬

北魏"传祚无穷"瓦当

北齐《出行图》壁画，出土于山西太原市南郊晋祠乡北齐娄睿墓
墓主人娄睿系北齐武明皇太后之侄，官至大将军大司马，是北齐政权中主要人物。娄睿墓壁画题材有《出行图》《回归图》《仪仗图》《显宦生活图》《祥瑞图》《天象图》。《仪卫出行》这组骑卫绘于墓道西壁中栏，是长卷式《仪卫出行图》的一部分，是北齐贵戚外出时从行部众的写照

弃了胡文化，实现了胡人"汉化"。

  大约在汉魏之际，匈奴贵族因上代是汉朝皇帝的外孙，而改姓刘，汉国建立者刘渊，自幼拜著名汉人经学家为师，学习《毛诗》《京氏易》《马氏尚书》，尤其爱好《春秋左氏传》，能背诵《孙子兵法》，熟读诸子百家以及《史记》《汉书》。刘渊的儿子不仅"究通经史，综百家之言"，而且"工草隶，著述怀诗百余篇、赋颂五十篇"。刘渊起兵反晋时，为了争取汉人的支持，强调自己是"汉氏之甥"，因此他立国号为"汉"，自称汉王，追尊蜀汉后主刘禅为孝怀皇帝，以示自己的政权是汉朝宗室的延续。由此不难看出，十六国的第一个政权的建立者——匈奴人刘渊汉化程度之深。

西晋亲晋胡王印

建立后赵国的羯族人石勒,汉化程度也达到了一定程度。他建立的政权采用魏晋制度,中央设立尚书、中书等官职,下令禁止羯族人在兄长死后以嫂为妻,禁止在丧婚娶。他重用汉人张宾为谋主,下令胡人不得凌辱汉人。他不识字,却经常让人读经史给他听,虽在戎马倥偬之中,也不间断。他设立太学和郡国学,建立秀才、孝廉试经之制,用儒学选拔官员。

氐人前秦苻坚的汉化也颇引人注目。苻坚即位后,重用汉族寒门士人,按照汉法改革,亲临太学主持考试,评定学生优劣。他经常同博士讨论五经,奖励儒生。他对博士们说:"朕一月之内三次亲临太学,发现人才,躬亲奖励。其目的在于,不使周公、孔子的微言大义在朕手里失传,这样是不是可以追上汉武帝、汉光武帝了?"

民族的同化总是双向进行的,胡人汉化的同时,就是汉人胡化。

史书记载,从东汉末年开始,因皇帝"好胡服、胡帐、胡床、胡坐、胡饭、胡箜篌、胡笛、胡舞,京都贵戚皆竞为之。"特别值得一提的是"胡床"。中原汉人一向习惯席地而坐,胡人发明的座椅,被汉人称为"胡床"。胡床传入中原,并被汉人接受后,汉人不再席地而坐。

十六国时期,随着骑马民族的南下,把畜牧及与其有关的生产技术带到了中原地区。据北魏贾思勰《齐民要术》记载,牛、马、骡、羊等牲畜的饲养、役使方法,兽医术、相马术,还有制作毛毡、奶酪、油酥的技术,逐步为汉人所接受。

胡语、胡歌、胡乐、胡舞、胡戏等的流行,给中原文化增添了新的活力和色彩。北方汉人子弟以学习胡语为时髦之举,久而久之,北方汉语中充斥了胡音。胡笳、羌笛、琵琶等乐器,随着民族大迁徙,从漠北、西域以及其他地区传入中原,使汉人生活更加丰富多彩。

北魏胡床

北魏男俑

北魏孝文帝改革与汉化

鲜卑拓跋氏以一个少数民族建立的政权，竟能统一包括黄河流域在内的北部中国，而且统治半个中国时间竟长达近百年，这在中国古代史上是第一次。

北魏孝文帝拓跋宏，是北魏一位杰出的皇帝，他5岁即位，18岁亲政，为了巩固政权，孝文帝实行了许多重要的改革，不仅达到了巩固政权的目的，也加速了北方各少数民族的汉化进程，为隋统一中国奠定了基础。

整顿吏治

北魏前期，官吏不论治绩好坏，任期相同；没有俸禄制度，官吏任意搜刮百姓，吏治十分混乱。孝文帝亲政之初，即对官吏实行3年一考，经3考，"升贤明有绩者，退庸劣无功者"。五品以上的官吏由皇帝亲自考核。六品以下的官吏由吏部会同地方考核。"上上者迁之，下下者黜之，中中者守其本任"。

又制定了俸禄制度。俸禄统一由国家筹集，不许官吏自筹。为了杜绝贪赃枉法，规定凡贪污帛一匹及枉法者，一律处死。就在颁行法律的这年秋天，派人到各地巡察，检举犯法的地方官员，有40多人因贪赃被处死。经过这样的整顿，吏治转向清明，贪赃枉法者大为减少。

中国历史上第一次均田制

中原地区经过长期战乱,人口大量迁徙和死亡,土地荒芜,不少农民脱离户籍,成为豪富之家的私有人口,国家的赋税征收和徭役调发,都遇到很大困难。鉴于这种情况,孝文帝于485年下达了均田令。

均田制的原则是计丁授田,主要内容是:一是15岁以上男子,政府授露田40亩,妇人(有夫之妇)20亩。有奴婢及耕牛者另给土地,即奴婢受田数量和办法与农民相同,授田30亩,以4头牛为限。授田时按休耕周期加授一至二倍的倍田。露田只种五谷,不种植树木,授后不许买卖,身死或年满70岁时,归还于官。二是初授田的男子另给桑田20亩作为世业,不还官。但要在三年内种植一定数量的桑、榆、枣树等,不宜种桑的地区,改授麻田,男子10亩,妇人5亩。三是新定居的农民给予园宅田,良民每3口给1亩,奴婢5口给1亩。四是地方官吏按品级授给公田,刺史为15顷(1顷约为66666.67平方米),太守10顷,县令、郡丞6顷。新旧任相交接,不许出卖。离职时移交于接任官。"公田"后来叫"职公田",亦称"职分田"。还规定地足之处的居民不准无故迁徙;地不

北魏陶俑骆驼

足之处居民可以向空荒处迁徙，但不许从赋役重处迁往轻处。因犯罪流徙或户绝无人守业的土地，收归国家所有，作均田授受之用，但首先授其近亲。

北魏均田制十分有名，对隋唐产生了很大的影响。北魏均田制规定每户占有土地的数量，并不准买卖，这些规定在一定的时间内和一定程度上，限制了豪强大家兼并土地。国家公开授田，有助于开垦荒地，发展生产。自耕农增多，户田滋殖，有利于国家征收赋税和调发徭役。

基层政权实行三长制

北魏孝文帝即位之初，各地宗族坞堡林立，政府利用各地"宗主"督护地方，实行的是宗主督护之制。孝文帝为加强中央政府对百姓的控制，于486年以三长制取代宗主督护制。

三长制规定：五家为邻，设一邻长；五邻为里，设一里长；五里为党，

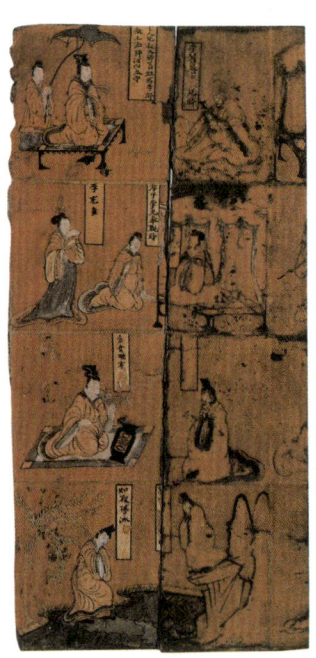
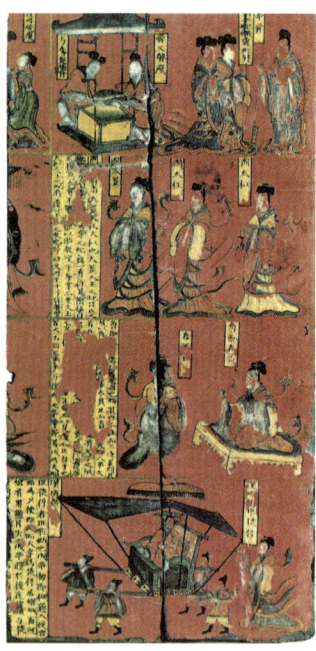

北魏屏风漆画，山西省大同市博物馆藏

北魏牛车

设一党长。三长一般由能办事而又谨守法令的人担任。三长制与均田制相辅而行,三长的职责是掌握乡里人家的田地、户口数量,征收租调,征发徭役,维持治安。

三长制实行后,国家直接控制的自耕农民大量增加,国家赋税收入相应增加,农民赋税负担也有所减轻。北魏的三长制后来成为北齐、隋、唐时期乡里组织的基础。

迁都洛阳

为了便于接受汉族文化,消除鲜卑族与汉族之间的隔阂,以便加强对中原地区的统治,孝文帝亲理朝政后决心把都城从平城(今山西大同)迁到中原洛阳。亲政的第五年(494),28岁的孝文帝宣布大举南征,他只和心腹讲明南征是假,意在率众人迁都洛阳。孝文帝之所以采取这种办法迁都,因为几十年来,王公大臣一直反对迁都,但迁都一旦既成事实,百官也只好选择迁都。

把都城由平城迁到了洛阳,改变了过去对中原遥控的形势,有利于控制整个国家,也解脱了100多年来在平城形成的鲜卑贵族保守势力的羁绊和干扰。

北魏金奔马

内蒙古自治区科尔沁旗左翼中旗希伯花鲜卑墓出土。形若飞奔的骏马,造型简约而生动。马颈及尾部各有一环,上系金链以供系戴

改易习俗

迁都之后,孝文帝的改革进入了最彻底、最深刻、也最受争议的部分——全盘汉化。汉化政策的主要内容是:第一,禁穿鲜卑服装,一律改穿汉族服装;第二,以汉语代替鲜卑语,规定30岁以上官吏要逐步改说汉语,30岁以下者办公时要立即改说汉语,有故意说"北语"(孝文帝称鲜卑语为"北语",汉语为"正音")者,降爵罢官;第三,迁入洛阳的鲜卑人,以洛阳为籍贯,死后不得归葬平城;第四,改鲜卑复姓为汉姓,改拓跋氏为元姓,丘穆陵氏为穆姓,步六孤氏为陆姓,贺赖氏为贺姓,勿忸于氏为于姓,匕奚氏为嵇姓等等;第五,改鲜卑官制、法律、礼仪、典章为汉制,革除鲜卑旧制。

任何一个游牧民族闯入农耕文化圈,都改变不了接受同化的终极命运。不过,在同化的程度和方式上仍存在多种选择。北魏孝文帝选择了全面、彻底地融入中原汉族文明,为此,他表面上丢掉了祖先的服装,忘记了祖先的语言,似乎对他那个民族不利,但实际上受益最多的是他们的子孙后代,也包括整个中华民族。

通过孝文帝和他前辈的努力,北魏这个本来不很受人关注的少数民族政权成了中国历史上特别耐人寻味的王朝。它在五胡十六国的大混战之中神秘地崛起,在汉唐两座高峰之间的弧线底部,实现了由弱势到强势、由分裂到统一、由胡族到汉化三大关键性转折,逐渐使北方各族融合进了中华文明之中,开启了通向隋唐盛世的大门。

北魏女俑

群雄的舞台

庆历新政与王安石变法

宋仁宗赵祯（1010—1063），北宋第四代皇帝。在位期间，宋朝进入鼎盛，但也是衰落的起点

宋朝（960—1279）是历史上比较平淡的一个王朝，存在时间不算短，领土面积不算小，各种制度也不能说不完备，人才也不少，两宋300多年，登科者11万多人，是唐朝的10倍。但就缺少秦汉时的雄风，隋唐时的霸气。宋朝也进行过改革，也发生过多次战争，然而，改革都是虎头蛇尾，没成功过一次，战争是屡战屡败。朝气蓬勃、锐意进取的人总被老气横秋、保守腐朽的人打败；有思想有才华的人也想痛痛快快地干一番事业，扭转一下暮气沉沉的颓势。有的人也确实将自己的雄伟计划付诸了实施，也曾出现过似乎新潮滚滚、令人激动的局面，但还没等看清，滚滚的新潮就一下子滚进了无边的悬崖。

范仲淹和王安石就属于这种政治上昙花一现的人物，庆历新政和王安石变法就属于这种掉进无边悬崖的新潮。

庆历新政与王安石变法

《宋仁宗皇后像》，佚名，轴绢本设色，纵172厘米，横165.3厘米。中国台北故宫博物院藏

据《宋史》记载，宋仁宗有两后，一是郭皇后，一是曹皇后。因为郭皇后被废，因而可确定此幅所绘应是曹皇后画像。图中仁宗皇后坐在画面的正中，两位侍女分立两旁。一个捧着长巾，一个捧着唾盂。人物安排遵从传统的"主大从小"的惯例。画面上的曹皇后头戴九龙纹钗冠，面贴珠钿。人物造型准确，神态肃穆，冠服华丽，设色优美，不愧为宋代肖像画中的优秀之作

庆历新政

宋仁宗是宋朝帝王中的名君圣主，在位时间最长，有41年。他有5个哥哥，都早亡，13岁那年，父亲宋真宗死了，他继位为帝，由刘太后垂帘听政，听政了8年，太后也死了，他开始亲政。他亲政时，北宋已进入中期，官僚队伍庞大，行政效率低下，人民生活困苦，北方游牧民族建立的辽和西夏威胁着北方和西北边疆。面对这种局面，谁都认为应该改革，宋仁宗更想通过改革振作朝纲，扭转国运。于是，他经常向大臣们询问扭转国运的策略，可一直也没有找到太好的办法。

庆历三年（1043），参知政事范仲淹向宋仁宗提出整顿吏制、加强军备、发展生产等10项建议，欧阳修等人也纷纷上疏言事。宋仁宗采纳了大部分意见，以新政颁行全国。因为

群雄的舞台

范仲淹（989—1052），字希文，当时的苏州吴县人。北宋著名政治家、文学家。出身贫苦，2岁丧父。青年时借住在一座寺庙里读书，5年间睡觉未曾脱衣。中进士以后多次向皇帝上书，提出许多革除弊政的建议，遭到保守势力的打击，官职一再被贬。他在63岁的人生中，矢志不渝地追求自己的人生理想和政治主张，深受当世和后人称道。有《范文正公集》传世

范仲淹的这些建议是在宋仁宗庆历年间提出并实行的，所以历史上称为"庆历新政"。

庆历新政的主要内容是：明黜陟，即对官吏定期考核，按政绩好坏提拔或者降职；抑侥幸，改变贵族子弟承受恩荫做官的旧法，规定除长子外，其余子孙须年满15岁、弟侄年满20岁才得恩荫，而恩荫出身必须经过一定的考试，才得补官，以减少冗官；精贡举，考试学子着重在策论经学，不在诗赋；择官长，严格选择提点刑狱以及各州县长官；均公田，各级官员要按等级分给职田，防止官员贪污；厚农桑，每到秋天，各地开渠修堤，以利农业生产；修武备，招募卫兵5万，保卫朝廷；还有减徭役、覃恩信（朝廷有政令，各地必须执行）、重命令即注重统一等。

为贯彻新政，范仲淹派了一批按察使到各地去视察，根据按察使送来的报告，他将那些不称职的官员除名。枢密副使韩琦看到范仲淹勾掉了很多官员的名字，非常吃惊，劝告道："一笔勾掉一个名字很容易，可是，被勾掉的一家人都得哭了。"范仲淹回答说："一家哭怎比得上一路哭呀！"

由于新政触犯了一些封建贵族的利益，一些皇亲国戚、权贵大臣，纷纷起来攻击新政。宋仁宗看到反对的人太多了，也就动摇

庆历新政与王安石变法

相关链接

恩荫

得到恩惠，受到荫庇。因上辈有功而给予下辈入学任官的特殊待遇。北宋时期以恩荫补官极为盛行，官员子弟入仕大多不通过科举，而是通过各种名目的恩荫补得正官。宋仁宗朝，面对滥行恩荫的状况，范仲淹提出了"抑侥幸"之策。但从内容看，范仲淹的抑侥幸之策带有很大的折中性和调和性，没有走出"荫贵"和"荫亲"的框套。北宋滥施恩荫，既加重了冗官之弊，又导致官吏整体素质下降。

岳阳楼屹立于洞庭湖畔，南望湖南四水，北眈万里长江。自古有"洞庭天下水，岳阳天下楼"之誉 岳阳楼的楼顶为层叠相衬的"如意斗拱"托举而成的盔顶式，这种古代将军头盔式的顶式结构在中国古代建筑史上是独一无二的。岳阳楼与江西南昌的滕王阁、湖北武汉的黄鹤楼并称为江南三大名楼。岳阳楼是以三国"鲁肃阅军楼"为基础，一代代沿袭发展而来的。唐朝以前，其功能主要作用于军事上，自唐朝始，逐步成为历代游客和文人骚客游览观光、吟诗作赋的胜地

了。失去了皇帝的支持，范仲淹在京城也就无法立足了，就自动请求到陕西戍边。范仲淹一走，实行了一年多的新政全部废止。

范仲淹为了改革政治，受到了很大打击，但他并不因此而懊恼。庆历六年（1046），好友滕子京重新建好了岳阳楼，请他写一篇重修岳阳楼的记文。范仲淹一夜写成了那篇名垂千古的《岳阳楼记》。他在《岳阳楼记》中借景抒怀，抒发了"先天下之忧而忧，后天下之乐而乐"的高尚情怀，一直被后人传诵。岳阳楼也因范仲淹的文章而更负盛名。

王安石（1021—1086），字介甫。抚州临川人（今属江西），北宋杰出的政治家、思想家、文学家。一生在南北各地做了几任州县官。庆历二年（1042）进士。神宗初即位，诏王安石为翰林学士。后提为参知政事，推行新法

王安石变法

宋仁宗做了 40 多年皇帝，虽然也用过像范仲淹、包拯等一些正直的大臣，但他治国手段不够强硬，改革治政的决心也不坚决，反对势力一强，他就后退，因而国家越来越衰弱下去。宋仁宗共有 16 个子女，有 12 个子女早亡，其中 3 个儿子全部早亡，宋仁宗死时，因没有儿子，宗室赵曙以继子身份入继皇统，史称宋英宗。英宗即位 4 年，就因病逝世。太子赵顼即位，这就是宋神宗。宋神宗即位的时候才 20 岁，20 岁的皇帝对官场的腐败和老朽十分看不惯，对宋朝的弱国地位也愤愤不平，一心想做个像唐太宗那样的皇帝，大权在握，民富国强，万国来归。宋神宗有心改革，可环顾左右，都是仁宗时期的老臣，不用说搞改革，想找个谈谈改革的大臣也没有。

《文会图》，北宋赵佶绘。台北故宫博物院收藏

作者赵佶，宋徽宗，1101年即位，在朝29年，轻政重文。此图描绘了文人会集的盛大场面。在一个豪华庭院中，设一巨榻，榻上有各种丰盛的菜肴、果品、杯盏等，九文士围坐其旁，神志各异，潇洒自如，或评论，或举杯，或凝坐，侍者们有的端捧杯盘，往来其间，有的在炭火桌边忙于温酒、备茶，其场面气氛之热烈，其人物神态之逼真，不愧为中国历史上一个"郁郁乎文哉"时代的真实写照

　　寂寞、孤独中的宋神宗想起一个人——王安石。宋神宗并不认识王安石，即位前，身边有个官员常谈一些新鲜的施政见解。神宗称赞他，他却说，这些见解都是他朋友王安石说的。宋神宗下旨，命王安石进京。

　　王安石年轻的时候，一直跟随做州县官的父亲旅居各地，22岁中进士。王安石和他父亲一样也长期做州县官，对地方情况了解甚深。宋仁宗时，曾调他到京城当管理财政的官，他一上任，就给皇帝写了一份万言书，提出他对改革财政的主张。此时，宋仁宗刚刚废除范仲淹的新政，一听到要改革就头疼，王安石的奏章被搁在了一边，本人也被朝廷大臣孤立起来。王安石见朝廷无改革之心，趁母亲去世，辞职回家。

　　这一回，他一到京城，就被带到宫内。神宗一见面就问他："治理国家，该从哪儿着手？"王安石提出"变风俗，立法度"是当务之急的主张，神宗觉

得他说得对，就要他回去写个详细的改革意见。王安石回家以后，当天晚上就写了一份意见书，第二天送给神宗。宋神宗认为王安石的意见正是他心中所想，越加信任王安石。

  1069年，神宗任命王安石为参知政事（副宰相），后又被任命为同中书门下平章事（宰相），负责"变风俗，立法度"。那时候，朝廷里名义上有4名宰相，病的病，老的老，不病不老的，一听谈改革，不是摇头就是摆手，叫苦连天。

  王安石知道革新变法的阻力非同小可。他首先创立了新的学派，"以富国强兵为目标，抑制土地兼并为内容"，为变法大造舆论；同时设立了一个专门制定新法的机构——"制置三司条例司"，即皇帝特命设置的制定三司（户部、度支、盐铁）条例的专门机构的简称。

内蒙古库伦辽墓壁画之一

内蒙古库伦辽墓壁画之二
库伦位于科尔沁草原南端,历史上这里是无际的草场,是契丹民族游牧狩猎的天然乐园。壁画主要绘在墓道两侧,多取材于当时的社会生活,且围绕墓主人生前的重要活动而展开。有的描写墓主人外出狩猎,有的描写仪仗远行。绘画重于写实,画中车骑人物仿佛真人大小,栩栩如生,是难得的描写契丹贵族生活的长幅画卷

"制置三司条例司"成立不到一个月,神宗就催问条例制定出来没有,可见皇帝心情之迫切。条例司成立的第一年,先后制定了"均输""青苗"两项新法。

均输法,在东南六路(淮南路、江南东路、江南西路、两浙路及荆湖南路和荆湖北路)颁行。由发运使掌握六路的财赋情况,斟酌每年应该上供和京城每年所需物资的情况,然后按照"徙贵就贱,用近易远"的原则,"从便变易蓄买",贮存备用,借以节省价款和转运的劳费。均输法夺取了富商大贾的部分利益,同时也稍稍减轻了纳税户的许多额外负担。

青苗法,以各路常平、广惠仓所积存的钱谷为本,其存粮在粮价贵的时候,以比市价低一些出售;在市价贱的时候,以比市价略贵的价格收购。将所得到的现钱用于春、秋两季给农户贷款。贷户分等,借用期为半年,每期利息2分。收

成后，随夏、秋两税归还。青苗法使农民在青黄不接之际，不致受"兼并之家"高利贷的盘剥，避免了自耕农的大量破产。

1070年，王安石又废除了依户轮充差役的方法，改为百姓出钱、官府雇人服役的制度，称为"免役法"。规定原来不负担差役的官户、女户、寺观户、未成丁户等，也要按定额的半数交纳役钱，称"助役钱"。免役法使官府职役依旧有人充当，收缴的各种役钱却超过了实际雇募的需用，官府又由此增加了一批收入。

此外，还有"市易法""方田均税条约"等。免役、市易、方田等新法的中心目的，仍在于剥夺大地主、大商人的部分利益，来满足宋王朝的"国用"。王安石在实行这些"富国"法的同时，也还推行了如下的"强兵"法。

宋真宗以来，兵员急速增长，兵费庞大，兵将脱离，作战不力。神宗、王安石参照仁宗时的一些改革主张，又加以发展，从两个方面对宋朝的兵制作了改革。一是精简军队，裁汰老弱，合并军营，全国军队总数裁减到不足80万，比英宗时减少了36万，约减三分之一。二是"将兵法"，在北方挑选武艺较高、作战经验较多的武官专掌训练。将兵法的实行，使兵知其将，将练其兵，提高了军队的战斗力。

王安石的变法对巩固宋王朝的统治、解决"国用不足"问题，起到了积极的作用；但也明显地触犯了豪强地主巨商的利益，因而遭到许多朝臣的反对。有一次，宋神宗把王安石找去，问他说："外面人都在议论，说我们不怕天变，不听人们的舆论，不守祖宗的规矩，你看怎么办？"王安石坦然回答："陛下处理政事认真，不就是在防止天变吗？陛下遇事广泛征询臣下意见，这已经照顾到舆论了；至于祖宗留下的老规矩，本来就不是固定不变的。"（"天变不足畏"，"祖宗不足法"，"人言不足恤"。）

王安石坚持三不怕，但是宋神宗并不像他那么坚决，听到反对的人不少，就动摇起来。

1074年，河北闹了一次大旱灾，农民到处逃荒，有一个官员趁机画了一幅《流民图》献给宋神宗，说旱灾是王安石变法造成的，要求神宗把王安石撤职。宋神宗看了这幅《流民图》，长吁短叹，神宗的祖母曹太后和母亲高太后也在神宗面前哭哭啼啼，诉说天下被王安石搞乱了，逼神宗停止新法。王安石眼看新法没法实行下去，气愤得上书辞职。宋神宗也只好让王安石暂时离开东京，到江宁府去休养。

1085年，支持新法的宋神宗死去，反对变法的司马光被起用为相，推翻了新法，王安石抱恨而死。

辽代褐釉陶马镫壶，1956年北京市复兴门外出土

辽代鎏金鹿纹银鸡冠壶，1979年内蒙古自治区赤峰市出土

群雄的舞台

契丹的兴起与契丹文字

契丹族源于东胡后裔鲜卑的柔然部,"契丹"原意为镔铁,契丹族以此为族号,象征契丹人顽强的意志和坚不可摧的民族精神。这是一个剽悍勇猛的民族。早在北魏时期,契丹作为一个北方民族就已经出现在史书中。他们兵强马壮,骁勇善战。907年,一位名叫耶律阿保机的部落首领统一了契丹各部,于916年建立了契丹国,塞外物资匮乏,契丹族便开始南下掠夺财物。在屡入中原,并与中原官僚交易的过程中,中原先进的文化和政治制度使阿保机深受触动。阿保机是个善于学习的人,于是仿效汉制,以妻述律氏为后,备置百官,又在城南另外建筑一座汉城,专门让汉人居住。阿保机自此之后野心更盛,有占据中原、扩大疆域之野心。926年,阿保机率军征服渤海国,改渤海国名为东丹国,册立皇太子

相关链接

渤海国(698—926)

渤海国是我国唐朝时期,北方靺鞨族建立的地方民族政权,始建于武则天时期,初称"震国"。7年后(705)归附于唐王朝,713年被册封为"渤海国"。926年被契丹国所灭,传国十五世,历时229年。

渤海国全面效法唐朝文明,创造了"海东盛国"的辉煌。渤海全盛时期,其疆域北至黑龙江中下游两岸,鞑靼海峡沿岸及库页岛,东至日本海,西到吉林与内蒙古交界的白城、大安附近,南至朝鲜之咸兴附近。设五京十五府,六十二州,一百三十余县,是当时东北地区幅员辽阔的强国。

耶律倍为东丹国王。

947年改国号为辽。辽圣宗文武韬略，杰出非凡，对宋战争屡屡得胜。1004年辽与宋朝订立澶渊之盟，并与西夏结好，从而形成辽、宋、西夏三足鼎立的政治割据局面。

自916年耶律阿保机称帝，到1125年天祚帝为金兵所俘，共有九个帝王，政权统治时间长达210年。辽王朝最强盛时期，曾经雄霸中国半壁江山，疆域北到外兴安岭、贝加尔湖一线，东临库页岛，西跨阿尔泰山，南抵河北和山西北部。这是中国历史上在北方活动的一个有重大影响的少数民族政权。

契丹是一个进取开放的民族，通过与中原及西方的密切交往，创造了具有特色的文化。契丹人采取因俗而治的政策，"以国制治契丹，以汉制待汉人"，又仿汉制实行科举，制订成文法典。建立全体男丁皆入兵籍的兵制，又依本身游牧民族习俗而首创五京制。共建有5个都城，即上京、中京、东京、南京和西京。其中首都辽上京和陪都辽中京均建在北方草原契丹本土内（今内蒙古赤峰市境内），是著名的草原城市。

契丹是骑马打天下的民族，骑兵部队是其立国之本，契丹骑兵骁勇善战，在与宋、西夏战争中经常取胜。在契丹贵族墓葬中，均有殉马或马具随葬，还有打马球图、引马

辽代定窑人首鱼龙壶
通体白釉，壶前端为一少女头像，眉清目秀，头有发髻，颈、臂间有彩带、花朵作贴饰，两手捧一螭首短注；壶身呈一鱼形，尾鳍上翘，身刻细鳞片，两侧各有一欲展翅的飞翼，背部有花冠样的注口，颈部和尾鳍之间有一桥形提梁。这件水注将人及鱼（龙）、鸟、螭等动物混合为一体，构思绝妙，造型奇特，是辽瓷中罕见的造型

天朝万顺（契丹文）

图等壁画。

契丹瓷器是在契丹传统制陶工艺的基础上，吸收北方系统的瓷器技法烧制的，在五代和北宋时期南北诸窑的产品中独树一帜。其中，具有契丹族传统工艺的仿皮囊式鸡冠壶可谓辽瓷中的典型器物。鸡冠壶造型别致，制作精美，堪称国之瑰宝。

契丹王国在沟通东西方经济、文化交流方面，也有很大贡献，由于辽国的疆域东西横长，正好成为东西方交流的渠道。在辽代贵族墓葬中出土的琥珀、玛瑙和玻璃等文物，很多都来自西方。

契丹民族建立的辽王朝，由于政治、经济、军事、文化发展的需要和民族意识的觉醒，曾参照汉字的形体结构，先后创制了两种契丹文字，即契丹大字和契丹小字，用以记录契丹语。契丹大字和契丹小字的区别不是因为字写的大小，而是因为创制时间的先后和拼音程度的强弱。先创制的拼音制度不太完备的称大字，后创制的拼音形式比较完备的称小字。

契丹大字创制于920年，参照汉字创制，属于表意方块字，其中夹杂一些直接借用汉字的形式，有3000余字。

契丹小字是对大字加以改造而成的。小字为拼音文字，利用汉字笔画形体创制出300多个原字，然后缀合拼写成词。较大字简便，契丹小字原字虽少，却能把契丹语全部贯通。

契丹文字与中国著名的东巴文、仙居蝌蚪文、夜郎天书、岣嵝碑、巴蜀符号、仓颉书、夏禹书、红岩天书一样，成为20世纪的难解之谜。

北宋的商业与《清明上河图》

北宋虽然外患深重，东北和西北边疆深受契丹、女真和党项族的侵扰，但毕竟结束了五代十国的分裂局面，全国重归一统，社会也较五代十国时安定多了，所以经济得到恢复和发展。宋初几十年间，全国耕地扩大了将近一倍。当时铁的年产量远远超过唐代，造船、造纸、印刷业技术更为先进。都市商业十分兴旺，10万户以上的城市达40（一说50）多个，而北宋都城开封更成为全国的商业中心。

开封是一座古老的城市。战国时魏惠王迁都大梁（今开封市）之后，大兴土木，大梁城盛极一时。隋炀帝开凿运河，疏通了汴渠，连接了黄河、淮河。汴州作为汴河的要冲，便成了"水陆都会"。唐代重筑汴州城，城池周长10余千米。北宋时期的东京城池，是在唐、五代时期的汴州城基础上，经多次修筑而发展起来的，分外城、内城和皇城三重城墙。

相关链接

开封为何被称为七朝古都？

汴梁、汴京、东京，简称汴，七朝古都，迄今已有2700余年的历史。

开封之名源于春秋时期，因郑庄公选此地修筑储粮城，取"启拓封疆"之意，定名"启封"。汉代景帝时，因景帝名刘启，为避刘启之讳，将启封更名为开封。

战国时，魏惠王将国都迁到这里，定名"大梁"。五代梁太祖建都于此，改名"东都"。后汉、后周、北宋均沿称"东京开封府"。金灭北宋后，改东京为"汴京"。元明时代，开封又曾称为"汴梁"和"北京"。自公元前364年至1233年，先后有魏、后梁、后晋、后汉、后周、北宋和金七个王朝在此建都。因此，开封素有七朝古都之美誉。

《瑞鹤图》，宋徽宗赵佶绘
图中城楼为北宋开封城内宣德门，也叫宣德楼，是皇宫正门。宋徽宗的传世之作《瑞鹤图》，真实地描绘了宣德楼的风姿

外城城门14座，水门7座，气势宏大。内城城门10座，城高池深，壁垒森严，是京师最繁华之地。皇城宫阙富丽堂皇、巍峨壮观，共辟有6门。东京城周阔30余千米，人口达到150余万，为当时中国的政治、经济、文化中心和繁华的世界大都会。

隋代开掘的大运河从开封穿城而过，因运河——汴水北通黄河，南通淮河、长江，因此开封市场上有来自江淮的粮食、沿海各地的水产、辽与西夏的牛羊，以及来自全国各地的酒、果品、茶、丝绢、纸、书籍，还有日本的扇子、高丽的墨料、大食（阿拉伯）的香料和珍珠。

北宋时流经开封城的汴河

朱熹（1130—1200），字元晦，号晦庵。徽州婺源（今属江西）人。父亲曾任县尉，14岁丧父。绍兴十八年（1148）中进士，历仕高宗、孝宗、光宗、宁宗四朝，担任过一些地方官，官都不大，一生主要从事著书与讲学。著述颇丰，《四书集注》是其代表作。他创办了白鹿洞书院、岳麓书院，讲学授徒，宣扬道学，培养了许多儒学人才。他的道德学问受到后世景仰

朱熹新儒学

一代大儒朱熹，是中国的名人，世界的名人，是孔子、孟子以来最杰出的弘扬儒学的大师。人们赞美他的话很多，但都不如张载这几句讲得精彩："为天地立心，为生民立命，为往圣继绝学，为万世开太平"。朱熹的思想形成于12世纪，两个世纪后影响不断扩大，15世纪走出国门，影响朝鲜半岛，16世纪影响日本，17世纪开始受到欧洲的关注，18世纪，他的《朱子全书》在欧洲翻译出版。

朱熹17岁中举人，18岁中进士，21岁任泉州同安县主簿。1162年，南宋第一代皇帝、主和派首领赵构禅位，新皇帝孝宗继立，在广大军民要求的压力下，平反了抗金名将岳飞的冤案，贬退了秦桧党人，朱熹这时上奏孝宗，提出了罢黜和议，任用贤能等主张。

这一奏章使朱熹被召至都城，朱熹在杭州连上数道奏章，慷慨陈词，强烈反对议和。因主战派领袖病死，宋金议和。朱熹悻悻然告别官场，一头钻进故里"寒泉精舍"，编写书籍，收徒讲学。10余年间，对朝廷屡诏不应。

1178年，朱熹重新入仕，出任"知南康军"（管辖今江西

群雄的舞台

抗金名帅的生动写照:《中兴四将图》, 南宋刘松年绘, 中国国家博物馆藏

此图绘南宋中兴四将刘光世、韩世忠、张俊、岳飞全身立像。每像旁原有朱文榜题, 已擦去。现存清代乾隆帝墨笔楷书重题, 依次是"刘鹿王光世"、"韩蕲王世忠"、"张循王俊"、"岳鄂王飞"。张、岳像之间上部有清乾隆四十九年(1784)御题七言律诗一首。图中人物或威武, 或庄重, 或深沉, 或平静, 不同形象各具个性。

岳飞(1103—1142), 字鹏举, 相州汤阴(今河南省汤阴县)人。南宋军事家, 抗金英雄。曾率军收复建康、豫西、陕南等大片失地。1136年, 率主力北上, 击败金军主力。正当乘胜追击时, 宋高宗、秦桧却向金乞和, 诏令回师, 致使岳飞恢复中原的计划功败垂成。最终, 被以"莫须有"的罪名杀害

相 关 链 接

金朝(1115—1234)

女真族勃兴于今黑龙江、松花江流域及长白山地区。1115年, 女真领袖完颜阿骨打称帝建国, 国号大金。金朝建国后, 灭掉了契丹族建立的辽朝。辽朝一灭, 金即与北宋成为敌国。1127年, 灭亡北宋, 包括黄河流域在内的广大北方地区都在金的控制之下, 与南宋长期对峙。金在与南宋、西夏并立期间, 迫使西夏臣附、南宋屈辱求和, 始终维持其霸主地位。金朝后期, 受到蒙古帝国军队的不断打击, 终于亡国。

永修、都昌一带），借此机会，他在庐山建立了"白鹿洞书院"，一面为官，一面讲学，并制定一整套学规：

"五教之目"："父子有亲，君臣有义，夫妇有别，长幼有序，朋友有信。"

"为学之序"："博学之，审问之，谨思之，明辨之，笃行之。"

"修身之要"："言忠信，行笃敬，惩忿窒欲，迁善改过。"

"处事之要"："正其义不谋其利，明其道不计其功。"

"接物之要"："己所不欲，勿施于人，行有不得，反求诸己。"

"白鹿洞书院"后来成为中国古代四大书院之一，朱熹制定的"学规"则成为各书院的楷模，对后世发生了巨大影响。

51岁时，朱熹解职回乡，在武夷山修建"武夷精舍"，广召门徒，选"四书"(《大学》《中庸》《论语》《孟子》)为教材，并刻印发行。63岁那年，朱熹任职于湖南，不顾政务缠身，主持修复了岳麓书院，讲学授徒，传播理学。

朱熹一生做官时间不长，官做的也不大，大部分时间从事教学，门徒广及天下。朱熹晚年，其学说在宫廷斗争中受到反对者批判，被视为"伪学"。朱熹被斥为"伪师"，学生被斥为"伪徒"。1200年，朱熹在家里忧愤而死。这场冤案，在9年之后得到昭雪。南宋朝廷为朱熹平反，追赠官衔，公开声明他的学说并非"伪学"。后来，宋理宗发布诏书，追赠朱熹为太师、信国公，提倡学习他的《四书集注》。此后，朱熹学说成为显学，流传数百年而不衰。

南宋以后，朱学一直成为理学的正统。朱熹向程颢的再传弟子李侗学习程学，吸收二程以及北宋诸家学说，综合条贯，因而被称为理学的"集大成者"。

图像里的中国 TUXIANG LI DE ZHONGGUO
群雄的舞台

表现谦让美德的儿童图:《秋庭戏婴图》,宋代苏汉臣绘

庭院中,姊弟二人围着小圆凳,聚精会神地玩推枣磨的游戏。不远处的圆凳上、草地上,还散置着转盘、小佛塔、铙钹等精致的玩具。背景部分,笋状的太湖石高高耸立,造型坚实挺拔,周围则簇拥着盛开的芙蓉花与雏菊,这样的布局,不仅冲淡了湖石的阳刚之气,也充分点出秋天的节令。由于画中姊弟俩所玩的枣子,是中国北方的作物,在当时的江南并不生产。加上全画的描写,极端细腻、写实,符合北宋末期的宫廷院画特质。根据这项线索,推测此作完成的时间,应该是在宋徽宗的宣和画院时期

知识窗

"半部《论语》治天下"

赵普年轻时不喜欢读书,只因辅助赵匡胤打天下有功,被任命为宰相。宋太祖得天下前为后周大将,他总结五代之所以乱,藩镇拥兵自重是其根源。因此,赵匡胤当了皇帝后,他明确提出"与士大夫治天下"。宋太祖经常劝赵普读书。赵普一回到家,就关起门来,打开箱子,拿出书来读。据说,读完书,第二天上朝办公,一切都处理得非常顺利。他死以后,家人打开箱子一看,箱子里并没有什么书,只有半部《论语》(20篇)。这就是"半部《论语》治天下"的来历。

朱熹继承二程,认为"理"产生于天地万物之先,如果没有"理",也就没有天地,没有人和万物。朱熹也承认"气"的概念,但认为理在气之先,气依理而存在,但理不依气而存在,理是永恒的,独立的。朱熹也接受了"太极"说,但认为太极只是万物之理的总称。"总天地万物之理,便是太极。""人人各有一太极,物物有一太极"。朱熹的这一"理一分殊"说,采择了佛教的"月印万川"("一月普现一切水,一切水月一月摄")说。朱熹讳言佛学,但他的学说却明显地吸取了佛教的许多内容。

与其他理学家不同,朱熹十分重视学说的普及和通俗化。程颐取《礼记》中的《大学》、《中庸》篇与《论语》、《孟子》合称《四书》。朱熹著《四书集注》,运用理学观点对《四书》作比较通俗浅近的注释,使理学借《四书》而传播。朱熹极为重视少年的教育,著《小学集注》,在注释中予以解说发挥,阐发三纲五常的道德规范,引导人们依其确定自己的言行。又著《论语训蒙口义》《童蒙须知》等,供儿童学习。在《童蒙须知》中,对儿童的穿着举止做了极其繁琐的规定。例如:

穿衣服，要"颈紧、腰紧、脚紧"。

说话，"凡为人子弟，须是常低声下气、语言详缓"。

读书，要"正身体对书册，详缓看字"。

饮食，若有长辈在面前，"必轻嚼缓咽，不可闻饮食之声"。

开门，"揭帘须徐徐轻手，不可令震惊声响"。

站立，"凡侍长者之侧，必正立拱手"。

出行，"凡侍长上出行，必居路之右。住，必居左"。

待下属，"凡待婢仆，必端严，勿得与之嬉笑"。

上厕所，"凡如厕，必去外衣。下，必盥手"，等等。

朱熹曾说，如果人们从刚来到这个世上开始，就如此"正心诚意"地"修身"，规范日常一举一动，将一切都纳入"理"的轨道之中，任何人都可成为"圣贤坯模"，人人都成了"圣贤坯模"，自然也就家齐、国治、天下平了。

成吉思汗，即元太祖。蒙古开国大汗（1206—1227年在位）。杰出的军事家，政治家。名铁木真，蒙古族，孛儿只斤氏。铁木真出身于蒙古乞颜部贵族世家。父亲也速该有"拔都"（勇士）称号。铁木真降生时，适逢其父在作战中俘获塔塔儿部首领铁木真，为纪念是役武功，故取此名。铁木真9岁时，其父被塔塔儿部人毒死，部众离散，随寡母月伦艰难度日。稍长，依附蒙古高原最强大的克烈部，得以收聚其父旧部，广结盟友，宽厚待人，吸引许多蒙古部众来投，被推为可汗，并逐渐统一蒙古各部

一代天骄：成吉思汗

20世纪末的时候，一些国家的学者回首即将过去的1000年人类的历史，对改变世界的人物进行排队，许多国家的学者都将目光投向了中国的成吉思汗。有的将他列入世界名人之列、百位世界名人之列，美国的《华盛顿邮报》还曾将成吉思汗评为"千年风云第一人"。看来，在学者的心目中，成吉思汗是世界级巨人毫无疑问了，那他比其他历史人物高在何处呢？有如下几点受人瞩目：第一，在"缩小地球"的问题上，他大概独占鳌头；第二，在"扩大国家版图"方面恐怕无人能与他相比；第三，在"影响世界"的程度上也难找到对手。

建立蒙古国

蒙古族是发源于蒙古高原的一个游牧民族，唐朝时被称为"蒙兀室韦"。12世纪，在长城以北、贝加尔湖以南、东到大兴安岭、西至阿尔泰山的广大地区，散居着蒙古、塔塔儿、克烈、蔑儿乞和乃蛮等各部落，但都被金朝的统治。12世纪末，金朝内部已经十分腐败，孛儿只斤部落的首领铁木真趁机统一了蒙古各部。1206年，蒙古各部在斡难河（今蒙古

蒙古草原

国境内鄂嫩河)畔召开了忽里勒台大会,铁木真被各部首领推为全蒙古的大汗(大帝),尊称"成吉思汗"。"成吉思"在蒙语中是"大海"的意思,"汗"即帝王;"成吉思汗",即像大海一样伟大的帝王。

成吉思汗建立的国家称为"伊克·蒙高勒·兀鲁思",即大蒙古国,俗称蒙古汗国。从此,蒙古高原及其相邻地区群雄林立、互相征伐的局面得以结束,蒙古也由一个部落的称谓变成蒙古高原各部落的总称,形成了统一的蒙古民族共同体("蒙古"一词本意为永恒的火焰)。

成吉思汗即位后,建立起从中央到地方的一整套政权组织机构。汗国的最高行政长官为"札鲁忽赤"(也写作达鲁花赤,即大断事官),掌管民户分配和诉讼等。

在蒙古汗国,成吉思汗的黄金家族,尤其是他的诸子均占有重要地位。4个儿子成为汗国宫廷的4根栋梁。长子术赤掌管狩猎;次子察合台掌管《札撒》即法律;三子窝阔台治理朝政;幼子拖雷负责军队的组织和指挥及兵马的装备。

在地方设置方面,打乱原有的氏族或部落组织,按地域

相关链接

忽里勒台

忽里勒台,蒙古和元朝的诸王大会、大朝会。又作"忽邻勒塔"或"忽里台",蒙古语。最初,蒙古人的忽里勒台是部落和各部联盟的议事会,用于推举首领,决定征战等大事。铁木真即大汗位后,历朝大汗即位,都由忽里勒台推戴。蒙古没有固定的嫡长继承制,汗位继承权或由先朝大汗生前指定,或通过明争暗斗强取,但形式上总要召开忽里勒台,由诸王、贵戚推举,才能即汗位。

《饮饲图》，元代任仁发绘，全卷纵 29.7 厘米、横 186.5 厘米。任仁发（1254—1327），松江府青龙镇（今上海）人，善于画马，人物和花鸟画也有很高成就

划分为左、右两个万户。左翼万户的管辖地直到大兴安岭的东部地区，右翼万户的管辖地直到阿尔泰山西麓。万户之下，以十进制的组织，分千户、百户、什户。成吉思汗直接统治的地区共有 95 个千户，委派他的开国功臣为千户长。大批原来的部落人口被分编在不同千户中，许多部落的界限因此泯灭，开始形成共同的蒙古民族。

成吉思汗建立蒙古汗国之前，蒙古没有成文的法规。汗国建立后，制定了具体的法律条款，称为《大札撒》（汉译为《成吉思汗法典》）。札撒，意即军令、法度。成吉思汗是从纷乱中走向汗位的，他知道法令对整顿社会秩序的作用。他说："凡是一个民族，儿子不遵从父亲的教诲，弟弟不听从兄长的劝说，丈夫不信任妻子的贞洁，妻子不顺从丈夫的意志，公公不赞许儿媳的孝顺，儿媳不

元代圣旨金牌，2000 年发现于内蒙古自治区兴安盟境内

它是目前国内外所发现的唯一的一块元代巴思巴文圣旨金牌。金牌为圆角长方形片状，一端有圆穿孔，重 350 克，质地属于金银合金。牌子正反两面各有两行巴思巴文字，意为"皇帝的圣谕是不可侵犯的，谁要违背，将会被处死"

尊敬公公的仁慈，长者不保护幼者的利益，幼者不接受长者的教训，大人物只信任仆从而疏远外人，富者不救济国内穷人……这样的民族，窃贼、撒谎者、敌人和各类骗子将遮住他们营地上的太阳……"因此，成吉思汗要求各级那颜（首领）带头遵守《札撒》，以《札撒》作为理顺蒙古社会的工具。

铁木真在统一蒙古诸部的战争中，曾俘虏了乃蛮部的掌印官，掌印官是畏吾儿人。铁木真让他借用畏吾儿文（回鹘文）字母，拼写蒙古语，创造了蒙古文字。蒙古汗国建立后，畏吾儿蒙古文成为全蒙古（包括四大汗国）的通用文字。

一系列措施，使蒙古摆脱了部落联盟的落后状态，成了一个强大的汗国。但腐朽的金朝仍把蒙古视为它的附属国，命令成吉思汗向它进贡。成吉思汗决心改变这种屈辱的地位。

西夏王陵

对外征服与扩张

游牧民族逐水草而徙，对自己的地盘只有一个大概的疆域，对别人也是这一标准，这样就容易发生对外掠夺和征服的事情。成吉思汗为他的子弟划分封地时也没有明确的边界，只是说"马蹄可以到达的地方"。成吉思汗曾对他的儿子们说："天下地土宽广，河水众多，你们尽可以各自去扩大营盘，征服邦国。"他训示诸将时说："男子最大之乐事，在于压服乱众，战胜敌人，夺取其所有的一切……"

在这种理念支配下，随着蒙古汗国国内的稳定和国力的强大，蒙古铁骑为了复仇和更好的生存开始向周围进行扩张。也正是为了达到这两个目的，一个个目标被他们锁定、征服，在锁定和征服过程中，一个地跨欧亚大陆、威震世界的强大帝国逐渐从蒙古高原崛起。

铁木真建立蒙古国前，北方草原就已经存在几个比较强大的政权。党项族建立的西夏和女真人建立的金国都比蒙古国强大，社会和文化发展程度也高出很多；除此之外，蒙古的西北还有花剌子模等强大部落……

成吉思汗的对外征服战争是从攻打西夏开始的。

西夏是党项族建立的政权。其首领在唐代被封为夏国

西夏佛像

群雄的舞台

西夏黑釉瓷瓶

公，赐姓李，领庆州（今宁夏）地。宋初削藩镇兵权，逐渐脱离宋朝而独立。最兴盛时，其疆域方圆数千里，东尽黄河，西至玉门，南界萧关（今宁夏固原），北控大漠，幅员辽阔。

西夏深受汉文化影响，不仅农业、畜牧业发达，在文化方面也取得了很大的成就，他们还创制了自己的文字——西夏文。

蒙古建国后，4年内对西夏连续发动两次进攻，两次皆捷，西夏只好纳女求和。成吉思汗扫除了对金朝作战的牵制力量后，便集中力量进攻金朝。

1211年，蒙古大军从紫荆关、居庸关分两路突进华北地区，会师于中都燕京（北京）城外。前军一直打到黄河岸边，下城90余座。金朝不得不求和，成吉思汗带着金朝献出的大批金帛、马匹，还有金朝公主撤回蒙古。第二年，金朝将都城从华北燕京迁到了中原汴京（开封），远离蒙古。

相关链接

西夏文

西夏文又名河西字、番文、唐古特文，是记录西夏党项族语言的文字。共五千余字，属表意体系，结构仿汉字，形体方整，笔画繁冗，会意合成字和音意合成字，约占总数的80%。书体有楷、行、草、篆，楷书多用于刻印，篆书散见于金石，行草常用于手写。

1217年，蒙古汗国的后妃、诸王、勋贵、千户长各派两三名手下的伊斯兰教徒组成商队出使花剌子模。这支450人的商队到达花剌子模边境城市讹达剌（今哈萨克斯坦境内）时，守将海尔汗诬称蒙古商队是间谍，杀人劫财。成吉思汗闻讯大怒，遣使责问，要求国王交出海尔汗接受惩罚。（花剌子模原本是中亚一个古老的小国，从12世纪下半叶开始逐渐强盛，占有了今天的伊朗、土库曼斯坦东南部和阿富汗西北部地区。）花剌子模国王不仅拒绝了成吉思汗的要求，竟下令杀死了使团团长，其余的成员被剃光胡须押出国境。

成吉思汗闻讯后，感觉受到了奇耻大辱，遂从阿尔泰山脉到黄河之滨范围内征集青壮年入伍。西征联军由蒙古军、汉军、钦察军、畏吾儿军、契丹女真军、西辽军等多民族武装组成，配备炮石火器、攻城器械和筑路、架桥、造船器具，准备了预备马匹和军械备件以及充足的军粮肉食。花剌子模征集了40多万人的军队准备

元代吹笛、击节陶俑，1965年河南省焦作市西冯村元墓出土

群雄的舞台

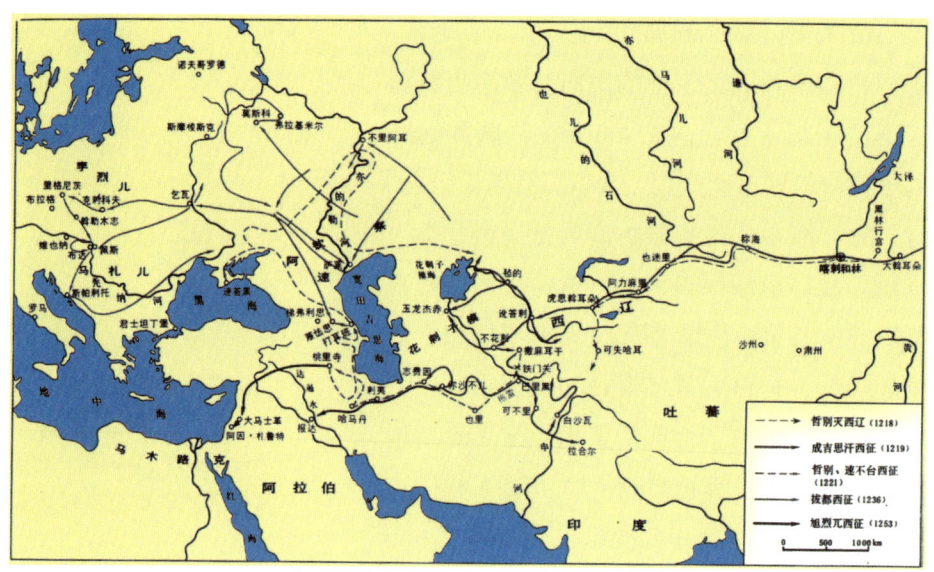

蒙古西征图

蒙古西征之战是13世纪上半期蒙古帝国征服中亚和东欧的战争。成吉思汗和他的继承者以剽悍的武功征服了欧亚地区,以蒙古为中心,建立起横跨欧亚大陆的庞大帝国

迎战。

1219年6月,西征军在新疆额尔齐斯河上游举行了盛大的出征誓师仪式。"车帐如云,将士如雨,牛马被野,兵甲辉天,烟火相望,连营万里。"成吉思汗命次子察合台、三子窝阔台、幼子拖雷各自率军分进合击,正面进攻花剌子模。此时,长子术赤率3万骑兵已深入花剌子模境内。察合台与窝阔台兵围花剌子模北部商城讹达剌,成吉思汗和拖雷统帅直逼其都城布哈拉(乌兹别克斯坦南部)。

1220年春,蒙古军队攻占布哈拉,又攻陷了花剌子模新都撒麻耳干(今乌兹别克斯坦撒马尔罕)。此后,成吉思汗命术赤、察合台与窝阔台共同围攻乌尔根奇(乌兹别克西

成吉思汗统一漠北图

部），命大将哲别和速不台越过阿姆河追击西逃的花剌子模国王摩诃末，一直追到里海北岸。摩诃末后来在里海一个小岛上病死，其子札阑丁在呼罗珊（"太阳升起的地方"，位于今伊朗东部）组织抵抗。1221年，成吉思汗渡过阿姆河，派拖雷进攻呼罗珊，成吉思汗追击札阑丁，在印度河击败其余众，札阑丁只身逃跑，花剌子模灭亡。蒙古军队越过高加索进入顿河流域，出兵欧洲。1223年（一说1222年）在迦勒迦河（俄罗斯顿河草原上的一条河流）决战，大败突厥与俄罗斯联军。此后蒙古军队班师而回。返国前，成吉思汗设达鲁花赤

相 关 链 接

达鲁花赤

蒙古和元朝的官名，蒙古语"镇守者"的音译。随着蒙古征服的地域不断扩大，蒙古人无力单独进行统治，便委付当地人治理，派出达鲁花赤监治，位于当地官员之上，掌握最后裁定的权力，以保障蒙古大汗和贵族的统治。

蒙古西征，占领欧亚大片土地，在重要地区和城镇，都设置达鲁花赤。

《浴马图》，元代赵孟頫绘

监治占领区。

  蒙古在西征过程中，不断向西夏国征兵。西夏"不堪奔命"，想趁成吉思汗西征的机会，把漠北未被蒙古征服的部落联合起来，共同抗击蒙古。蒙古得悉西夏"阴结外援"的消息，调集大军进攻西夏。蒙古军队一举攻破银州，西夏王表示愿意投降和派遣人质，蒙古才退兵。成吉思汗西征凯旋，借口西夏迟迟不纳人质，统兵10万，再次进攻西夏。1227年6月，蒙古兵围困西夏都城中兴府（今银川）长达半年，正在这时，西夏发生强烈地震，房屋倒塌，瘟疫流行，被围困的中兴府粮尽援绝，军民失去了抵抗能力，西夏投降蒙古，建国189年的西夏王朝终于灭亡。西夏王刚刚投降，成吉思汗病逝。成吉思汗临终前提出联宋灭金的战略。

世界评说世界级人物

成吉思汗是草原上的"天骄",他统一蒙古各部,结束了北方草原400年的分裂,加速了北方民族的文化交流和融合,为中国统一民族国家的发展作出了巨大贡献。在他奠定的基础上,他的后代建立了横跨欧亚大陆的世界性大帝国,为东西方文化、经济交流开辟了渠道。他为世界作出了贡献,也受到世界的瞩目。

美国传记名家哈罗·兰姆将成吉思汗称为"人类帝王",他在其著作中说:"虽然当初的成吉思汗从未接受过物质文明的熏染,竟能为50多个民族建立了切实可行的典章,维持大半个世界的和平与秩序";"信使可以纵横50个经度,一个少女怀一袋金子,可以安心遨游这个广大的帝国";"这是人类之间最广大而开放的一次握手。"

美国史学家斯塔夫里阿诺斯说:"由于蒙古帝国的兴起,陆上贸易发生了一场大变革。历史上第一次,也是唯一一次,一个政权横跨欧亚大陆,即从波罗的海到太平洋,从西伯利亚到波斯湾。""往来于这条大道的商人们说,无论白天还是黑夜,在塔那到中国的路上行走,是绝对安全的。"

法国东方史学家格鲁塞在《蒙古帝国史》中说:"蒙古人几乎将亚洲全部联合起来,开辟了洲际的通道,便利了中国和波斯的接触,以及基督教和远东的接触。中国的绘画和波斯的绘画彼此相识并交流。""从蒙古人传播文化这一点来说……对于世界的贡献,只有好望角的发现和美洲的发现,才能够在这一点与之相似。"

韩国前总统金大中说:"有人认为,由于有了蒙古人,人类才第一次拥有了世界史,而蒙古人的倔强好强、勇猛无敌精神和机智敏捷的性格却塑造了伟大的成吉思汗。同样,我

成吉思汗征战马鞍

也赞成一些人的评价,网络还未出现的七百年以前的蒙古人却打通了世界各国的关系,建立了国际往来关系。"

韩国著名学者金钟日也说:"'全球化'起源于成吉思汗的大统一。"

中国著名元史专家韩儒林先生说:"成吉思汗把东西交通大道上的此疆彼界扫除了,把阻碍经济文化交流的堡垒削平了,于是东西方的交往开始频繁,距离开始缩短了。"

成吉思汗陵墓之谜

位于鄂尔多斯草原上的成吉思汗陵寝,大殿金碧辉煌,周边一派草原风光,这里每年都要举办大祭仪式,蒙古族人视其为圣地。但这里只是衣冠冢和象征性陵寝,并非实际安葬地。那真正的安葬地在哪里呢?这恐怕是千古难解之谜。欲搞清这一问题,必须了解蒙古人的信仰和秘葬制度。

蒙古人信奉萨满教,成吉思汗立国后定萨满教为国教。

萨满教认为，祭祖主要是祭灵魂，而不是祭尸骨。人活着的时候，魂身一体，人死时，灵魂和身体脱离。据传，成吉思汗去世时，拿白公驼顶鬃放在成吉思汗的嘴鼻上，所以成吉思汗的灵魂就依附在驼毛上了。

另外，根据当时秘葬制度，尸体埋在何处不封丘，不留任何标志，葬毕还要赶马将葬处踏平，并使地面植物恢复如初。

这恐怕就是至今也没有发现元代一座"皇陵"的原因吧！

成吉思汗陵

四大汗国

成吉思汗建立的蒙古帝国的版图在他的孙子们手里最后定型，以中国的元朝帝国为大汗辖区。另外，还有服从大汗宗主权的四个相对独立的国家，即四大汗国，分别是金帐汗国、察合台汗国、窝阔台汗国和伊儿汗国，有点类似于后来的英联邦。

金帐汗国，也称钦察汗国

金帐汗国的创建者是成吉思汗长子术赤的次子拔都。1227年术赤去世，拔都受诸兄弟推戴，继承父位，统领术赤封地。1235年，窝阔台召集忽里勒台大会，决定遵从成吉思汗遗训，扩展疆土；由各族宗王长子或长孙率兵西征，万户以下各级那颜也派长子出征。窝阔台以大将速不台为先锋，拔都为统帅，率领全军西征。

1236年，蒙古军进至伏尔加河中游，将钦察诸部征服。次年冬，西征军沿伏尔加河北上，先后征服了斡罗思本土和基辅。至此，蒙古远征军统治了斡罗思全境。接着，拔都分军两路向西：一路进攻孛烈儿（波兰）、波希米亚（捷克）；一路翻越喀尔巴阡山，直逼马札儿首都马茶（匈牙利布达佩斯城）。马札儿军队和蒙古军稍一接触即纷纷溃逃，有一支蒙古军还越过秃纳河（多瑙河），抵达维也纳城下。蒙古军在欧洲势如破竹，使欧洲大为惊恐。1241年底，窝阔台死讯传至军中，拔都匆忙从欧洲撤军，西欧得以保全。

后拔都于1243年以萨莱（今伏尔加河下游）为都建国。其版图西到多瑙河下游，东起今额尔齐斯河，南达高加索，北至今俄罗斯保加尔地区。拔都又将咸海东北之地分给其兄翰鲁朵，称白帐汗；将咸海以北、西至乌拉尔河之地分给其弟昔班，称蓝帐汗，总领于金帐汗之下。

14世纪金帐汗国鼎盛，蒙古人逐渐与钦察人融合，并改信伊斯兰教。15世纪开始，原本隶属于金帐汗国的罗斯公国逐渐发展成一个新的强大的国家——俄罗斯。而与之相反，金帐汗国中央权力却日渐下降，开始分裂为喀山汗国、克里米亚汗国、西伯利亚汗国、阿斯特拉罕汗国等小汗国。1502年，同为术赤后代的克里米亚汗孟雷吉雷攻入萨莱，将都城彻底破坏，金帐汗国亡。

察合台汗国，原察合台封地。主要辖区在天山南北。1310年合并窝阔台汗国。1318年，汗国开始分裂为东、西两部：东部以阿力麻里为中心，包括喀什、吐鲁番一带；西部以撒马尔罕为中心，统治河中地区。东察合台汗国从1348年建立，历经8代、15位汗主政，到1514年被叶尔羌汗国取代，计立国166年。而西察合台汗国被自己的将军铁木尔夺取了政权。

窝阔台汗国，成吉思汗第三子窝阔台的封地，领有额尔齐斯河上游和巴尔喀什湖以东地区。建都叶密立（今新疆额敏县）。1229年窝阔台继帝位后，将封地赐给其子贵由。1251年蒙哥汗即位后，将封地分割，分授诸王。1260年忽必烈称帝后，海都自以太宗嫡孙不得立，曾为争夺汗位，进行了前后长达30余年战争，后为察合台系后王所败，封地并入察合台汗国。

伊尔汗国，又称伊利汗国，成吉思汗第四子拖雷之子旭烈兀西征后建立。

元代元世祖出猎图

群雄的舞台

位于乌兹别克撒马尔罕的15世纪帖木儿陵寝

帖木儿（1336—1405），生于中亚谒石城（在今乌兹别克斯坦境内）附近一突厥化蒙古贵族家庭。曾任西察合台汗国大臣，自称为成吉思汗的孙子。1370年建立帖木儿汗国，其鼎盛时期的疆域东到北印度、西达幼发拉底河、南濒阿拉伯海和波斯湾、北抵里海和咸海，首都为撒马尔罕。他死后，帖木儿汗国又存在了102年，最后被术赤的后代建立的乌兹别克汗国所灭。其统治者转而去印度开创了莫卧儿王朝

成吉思汗第一次西征时，占领了波斯东部及呼罗珊诸地。然而，由于当时蒙古人太少，无力控制当地秩序，社会出现一片混乱。1253年，旭烈兀率主力军出发，带着蒙哥给他的"从阿姆河两岸到埃及尽头的土地都要遵循成吉思汗的习惯和法令。对于顺从你命令的人要赐予恩惠，对于顽抗的人要让他们遭受屈辱"的嘱托，开始了第三次西征。

旭烈兀的大军长途跋涉，抵达波斯。当时，盘踞在波斯的伊斯兰教亦思马因教派，被其他伊斯兰教徒们称之为"木剌夷"，意思为"异端者"；而立国已500余年的阿拉伯阿

拔斯王朝（黑衣大食）已经衰落，其直辖地区仅限于都城报达（巴格达）周围地区。旭烈兀于1256年消灭木剌夷，并于1258年攻陷报达、杀末代哈里发。1260年，西征军兵分三路进入苫国（叙利亚）都城大马司（大马士革）。战事尚未结束，一个突发事件改变了中东诸民族和教派的命运。旭烈兀获悉长兄蒙哥战死，遂决定率主力东归。当旭烈兀回到波斯时，得知同母兄忽必烈已即大汗之位，便决定不再东归，留驻波斯。1264年，旭烈兀接受了忽必烈的册封，成为伊儿汗，他建立的国家也成为蒙古四大汗国中的伊儿汗国。

旭烈兀被册封为伊尔汗后，向各地委派了官吏。军事制度，仍沿用蒙古的万户、千户、百户、什户制。旭烈兀汗重视科学文化的发展，曾建造天文台、宫殿，在各地修建教堂。到他的孙子合赞汗统治时期，伊儿汗国达到全盛，领土"东起阿姆河，西至地中海，北自高加索，南抵印度洋"，经济、文化也欣欣向荣。伊儿汗国的统治一直延续到1388年，亡于同为成吉思汗后裔的帖木儿之手。

旭烈兀的西征和伊尔汗国的建立，不但改变了该地区的政治版图，而且改变了该地区各宗教、教派的力量对比，牵连之广，遍及欧亚各地乃至非洲。由于旭烈兀和元朝皇帝是同父同母兄弟，因此，伊儿汗国同元朝本部的联系，远比蒙古其他三大汗国密切，这也使丝绸之路更加畅通，中国的四大发明加快了西传的速度，而回回炮、阿拉伯数字、阿拉伯历法、行省制度等也传入中国。

群雄的舞台

马可·波罗笔下的中国

元朝的建立，打通了东西方文化交流的通道。当时的中国，也是世界上最强大、最富庶的国家，西方各国的使者、商人、旅行家纷纷慕名到中国来观光。其中最有名的要数马可·波罗。

依照历史学家的说法：1271年，马可·波罗和他的父亲尼古拉、叔叔玛窦从威尼斯出发，进行了一次为期24年的旅行，其中在中国逗留了17年。这次旅行的成果就是一本书——《马可·波罗行纪》。这本书被誉为"世界奇书"，意大利"13世纪最宏伟的作品"。

马可·波罗游历了中国许多地方，在其书中对大都（今北京）、上都、京北（今陕西西安）、成都、杭州、苏州、扬州、昆明等数十个中国名城做了记述。第一次向欧洲人揭开了东方世界奇异而神秘的面纱，生动地向欧洲人介绍了中国。

这本书在许多世纪中一直是欧洲人了解亚洲和中国的主要依据之一。

"他们具有士兵所必需的一切优点，所以能够征服整个世界"。

马可·波罗观察到，蒙古人从儿时起就用弓矢来做游戏，所以弓矢是他们最熟练的武器。蒙古人能够忍受各种各样的困苦。男子要接受在马背上两天两夜不下来的训练，

马可·波罗（Marco Polo）（1254—1324），威尼斯商人、冒险家和杰出的旅行家

《马可·波罗行纪》,这本书的原本却一直没有找到,写作的详细过程也很难查究。比较可信的推测是:1298 年,马可·波罗在参加热那亚战争时被俘,为了消磨狱中无聊的时光,他向狱友讲述了他在东方的见闻。狱友中有一位来自比萨的浪漫小说作家叫鲁斯梯谦诺,他对此非常感兴趣,于是,由马可·波罗口述,鲁斯梯谦诺记录,写下了这部书

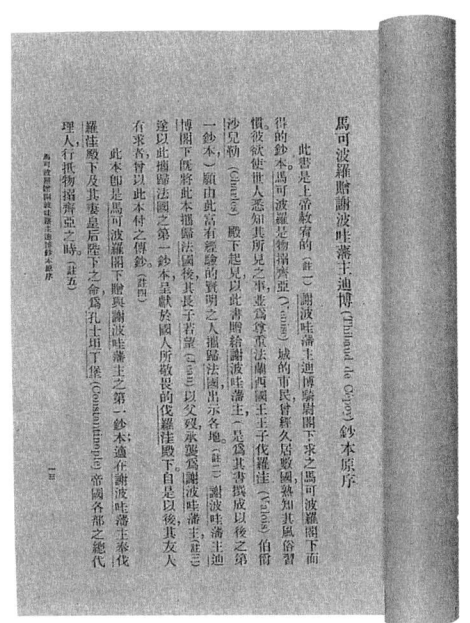

当马吃草时,就睡在马背上。世上没有一个民族在困苦中能够表现出他们那样的刚毅,在匮乏中表现出那样的坚忍。

蒙古人远距离行军时,从不携带扎营和烹煮的器具,每人带 10 磅乳酪在身边,每天早晨将半磅干乳酪放入一个皮袋中,加上适量的水,他们骑在马上,皮袋受到剧烈的震动,使其中的干乳酪变成一种薄粥,以此为食物。情况紧急时,他们能够马不停蹄地奔驰 10 日,既不生火,也不进餐,必要时,割破战马的一根血管,吮吸些马血补充营养。

蒙古人对于长官的命令绝对服从,而维持生活又只需少量的费用。正是因为他们具有士兵所必需的一切优点,所以能够征服整个世界。

驿站制:"十分美妙奇异的制度"

马可·波罗从意大利到元帝国上都走了3年,从伊尔汗国最西的边境埃及到元大都的距离不比从意大利到元上都近多少,那么少的蒙古人是如何控制如此辽阔的疆域的呢?这个问题不仅引起了马可·波罗的兴趣,即使在今天,也有许多人感到不解。所以,马可·波罗对元代驿站繁盛情况有着生动的描绘。他认为元朝的驿站制度,是"难以用语言来形容的""十分美妙奇异的制度",奇妙之处在于它把帝国缩小了。

元代的驿站又称站赤,萌芽于成吉思汗时代。窝阔台接大汗位那年(1229)正式设立称为站赤的驿站。建立起从蒙古国都城和林(今蒙古哈尔和林)分别通往中亚汗国和中原地区以站赤为纽带的交通、通信系统,并初步制定了站户自备交通工具,站户给站赤纳粮,凭"牌面文字"给马乘驿,以及站户供应乘驿人员用餐等驿站财政及管理制度。窝阔台在其执政后期还感慨犹深地将建立驿站与征服全国、设置官吏、为民掘井三件事合在一起,作为其一生引以为豪的四项政绩。

《马可·波罗行纪》以十分钦羡的笔调写道:从元代都城,有通往各省四通八达的道路。每条路上,按照市镇坐落的位置,每隔40或50千米之间,都设有驿站,筑有旅馆,接待过往商旅住宿。这些就叫作驿站或邮传所。这些建筑物宏伟壮丽,有陈设华丽的房间、挂着绸缎的窗帘和门帘,供给达官贵人使用。即使王侯在这样的馆驿下榻,也不会有失体面。因为需要的一切物品,都可从附近的城镇和要塞取得,朝廷对某些驿站也有经常性的供应。

每一个驿站,备有一定数量的马匹,供大汗的信使们使用。他们身上带着一面画着鹰隼的牌子,作为急驰的标志,"他们束紧衣服,缠上头巾,挥鞭策马以最快速度前进"。如果是急递文书,信使腰间佩有一个小铃铛,当马飞奔时,人没有到下一个驿站,铃声早已到达,下一个驿站的驿兵立即整装以待,如此接连不断,类似于马拉松接力跑,"马在换,信在飞"。

据波斯史家拉施特的《史集》记载:伊利汗在位时,曾"下令在所有要道上,每三程设置一个驿站。每个驿站设有健马十五匹","任何人只有出示君主的御笔和金符之后,才能获得驿马"。至于官方文书的传送经过,拉施特记载:"如果事情极其紧急,那就写信,密封起来,通过驿站的驿卒传送⋯⋯在信上注明从某处到某处,君主给予每个边将以黑色铃印,以便他们把它盖在那些信上。"从拉施特的记载可以看出,元朝的驿站制度,已经

鸡鸣驿,坐落在河北省怀来县洋河北岸的鸡鸣山下。元代创建初期,就曾在这里设立过"站赤"和"急递铺",负责军政消息的传递。从元代设驿始,直到清代,驿城兵丁驻防从未间断过。据《怀来县志》记载,到清朝末期,驿城驻兵总计达300多人

覆盖了它的四大汗国。

以现代的眼光看，这种传递信息的方式当然是落后的，但在当时，却是先进的。它把遥远的汗国、遥远的边塞和国都联系在一起，它把边塞军情和皇帝的命令以最快速度传递，这确实缩小了帝国的版图，拉近了汗国、地方、边塞与国都的距离，拉近了各地子民、王公大臣、边关大将与皇帝的距离。因此，《马可·波罗行纪》盛赞这是一种"伟大的创举"。

元代在规划帝国的时候还另有一种措施，既可以点缀风景，又极具实用价值。政府下令在大路两边大量种植树木，每株相距不超过两步。当这些树木长高后，不仅在夏季可以遮荫蔽阳，冬季下雪时还能起路标的作用。这些都给信使、旅行者带来了莫大的帮助，使他们的行程变得舒适而方便。

人间天堂：上都与大都

元上都，北临卧龙山，南傍上都河，东西南三面是广阔的金莲川草原，自然风光优美。元上都初名开平府，后改为上都，又名上京。1260年，忽必烈在此登上蒙古大汗之位，使之成为蒙古首都，1264年改燕京（今北京）为中都（后称大都），确定两都制度，使上都和大都成为元朝并列的两大首都。马可·波罗去上都时，见都城内有座用大理石

元上都遗址，位于锡林郭勒盟正蓝旗上都镇。元上都城于明永乐初年荒废

《卢沟运筏图》，现存最早的一幅描绘北京景物写实图，堪称《清明上河图》姊妹篇

整幅画面，长桥高卧，桥上车马不绝，行人接踵，桥东酒亭客舍林立，帘幌迎风高挑，茶肆酒馆排列相间；桥西人马簇拥，市集兴旺，热闹非凡，充分反映了元朝时期卢沟桥周围繁荣的景象

和各种美丽的石头建成的宫殿。宫殿的所有殿堂和房间里都镀了金，装饰得富丽堂皇。

  宫殿四面都有围墙环绕，围墙里有一个面积很大的御花园。御花园的中央有一片美丽的小树林，大汗在林中修建了一座小亭，亭内有数根美丽的装饰着黄金的圆柱。每根圆柱上都盘着一条龙，这些龙，头向上承接着亭子的飞檐，龙爪向左右张开，龙尾向下垂着，龙的全身也涂着金漆。亭顶和其他部位一样，是用竹子做的，油漆得很好，可以防潮。该亭的全部设计美妙精巧，所有部分都可以拆开、移动并且重新组装。

因为这里气候温和，有利于健康，所以大汗在每年的六、七、八 3 个月巡幸于此，并在每年的阴历八月二十日离开这里，从八月到来年的二月，住在汗八里（北京）大城中。

汗八里城位于一条大河旁，都城整体呈正方形，周长 24 英里（38.6 千米），每边为 6 英里（9.65 千米），有一土城墙围绕全城。城中布局像一块棋盘。各条街道都建在一条笔直的线上，直达城墙根。城里的大道两旁有各色各样的商店和铺子。全城每座庭院，包括民宅、官府、王公府第所占的土地也都是四方形的，并且彼此在一条直线上。

整个都城共开设了 11 座大门，除北面开 2 座外，其他每边 3 座。每座城门上和两门之间，都建有一座漂亮的建筑物（箭楼），楼中有大房间可存放守城士兵的武器。

11 座门外面各有一片城郊区，每个城郊在距城墙约一英里（1.6 千米）的地方都建有旅馆或招待骆驼商队的大旅店，可提供各地往来商人的居住之所。例如一种住所指定给伦巴人，另一种指定给德意志人，还有一种指定给法兰西人。

城区的南边是宫殿，宫殿建在围墙中央。最外层围墙，由深沟环绕。最里边的围墙边长 1 英里，墙高 25 英尺（7.62 千米）。围墙中央建有大汗的宫殿。其宏大的程度，前所未闻。房屋只有一层，但屋顶甚高，房基约高出地面十指距，周围有一圈大理石的平台。平台的外侧装着美丽的柱墩和栏杆。

大殿和房间都装饰雕刻和镀金的龙，还有各种鸟兽以及战士的图形和战争的图画。屋顶也布置得金碧辉煌、琳琅满目。屋顶的外部十分坚固，足以经受岁月的考验，并且还装饰着各种颜色，如红、绿、蓝等等。

神奇的"天城"

马可·波罗多次作为钦差大臣巡视各省,在中国的17年时间里,足迹几乎遍及大江南北。他每到一地,都细心观察,认真记忆,各地的风土民情、奇闻逸事、秀丽风光,无不留心。

马可·波罗说,杭州,这个名字是"天城"的意思。因为这座城市的庄严和秀丽,名胜古迹非常之多,走在这座城市的大街上,人们想象自己仿佛生活在天堂,所以有"天城"之名。城市方圆170千米,纵横各约13千米。街道宽广整齐,运河宽阔,街道上全部铺着整齐的石头和砖块。城里有众多的桥梁,那些架在主要运河上,用来连接各大街道的桥,桥拱都建得很高,建筑精巧,桥拱下可以通过竖着桅杆的船只。

漂亮的街道两边,有一家接一家的深宅大院和花园,连成一片。这些住宅建筑华丽,雕梁画栋。杭州城的手工业发达,每一种行业都有上千个店铺经营,每个铺子雇用10个、15个或20个工人工作,个别的甚至雇佣有40个以上的工人。

由于杭州出产大量的丝绸,加上商人从外地运来的绸缎,所以,当地居民中很多人总是浑身绫罗、遍体锦绣。

元代瓷器

知识窗

中国人发明了舵和船中水密舱

船尾舵的前身舵桨,在商朝已经使用,用以控制船只的航行方向。其形制经历了几个阶段的演变:桨柄增长成为艄,桨叶面积增大,便产生了真正的舵。

中国人于2世纪发明了船中水密舱。这是从观察竹竿的结构获得启示而发明的。舱壁又称隔壁,它是一种把船的底层舱分隔成若干个水密的立式隔板。一旦一舱进水,其他舱无碍,因为水密舱彼此是隔开的并密封着,因此船不会沉没。

通达世界的海外贸易

元代的陆上贸易不必说了,蒙古3次西征扫平了欧亚大陆上的此疆彼界,打通了中国与欧洲的直接联系。海路方面也有较大发展。元灭南宋后,沿袭南宋制度,在泉州、庆元(今浙江宁波)、上海、澉浦(今浙江海盐南)、杭州、温州、广州等地设立船舶司,管理海外贸易事务。其中泉州是当时东方第一大商港。马可·波罗对泉州的情况有详细描述:"番货、远物、异宝、奇玩之所渊薮,殊方别域富商巨贾之所窟宅,号为天下最"。外国商人、传教士、旅行家接踵而至,亚非各国商船频繁出入。埃及的亚历山大港运载的胡椒,一般的国家每次只运去一船,而"刺桐港者,则有船舶万余",其"繁荣兴盛可与亚历山大港媲美"!泉州的"刺桐缎"、迪云（德化）制造的碗及瓷器更是畅销于南洋、印度和欧洲。

马可·波罗对中国远航海船特别感兴趣，他记述元朝海船大多以松木制成，船底两层或三层，分隔为十余舱或数十舱，普通四桅，亦有多至六桅者，其载重量可高达两三百吨。一只大船皆附带若干小船，供停泊时上岸采柴汲水之用。船舶内部组织严密，有纲首（船长）、直库（负责管理武器）、火长（领航员）、舵工、梢工、碇手等分工。通过海外贸易，元朝和亚、非很多国家和地区建立了联系。

《马可·波罗行纪》在欧洲出版发行后，人们从书中了解了中国的繁荣富庶，吸引了西方更多的商人前往元朝的上都、大都、行在（杭州）、"有船舶万余"的"刺桐港"……

中国人直到今天，还在以各种方式纪念这位为中西文化交流做出杰出贡献的使者。

群雄的舞台

让贪官不寒而栗的皇帝

朱元璋（1328—1398）

称帝建明

明王朝的开国皇帝朱元璋，幼名重八，又名兴宗，字国瑞，濠州（今安徽凤阳东）人。自幼贫寒，16岁那年，淮北发生了严重的旱灾，瘟疫流行，朱元璋的父母和长兄先后病死、饿死。孤苦无依的他，到附近的寺庙当了小和尚。入寺没几个月，灾情越发严重，寺庙里也没有吃的，只好离开寺庙，游食四方，到处乞讨。乞讨的生涯，使他对民间疾苦了解得更深。

25岁时，参加濠州红巾军郭子兴的队伍。由于他勇武过人，很快就被提拔为亲兵九夫长。不久，又成为郭子兴的亲信，并娶了郭子兴的养女马氏为妻。郭子兴病死后，他的小儿子成为元帅，朱元璋被封为副元帅。攻打集庆（今江苏南京）时，郭子兴的儿子战死。朱元璋成为这支军队的实际领袖。

攻破集庆后，改集庆为应天府，从此朱

马皇后,安徽宿州人,早年丧母,被农民起义军首领郭子兴夫妇收养为义女。后嫁给了朱元璋。在朱元璋平定天下、创建帝业的岁月里,两人患难与共。朱元璋当皇帝后,几次要寻访她的亲族封官加赏,都被马皇后劝止。朱元璋不断寻找借口屠戮功臣宿将,马皇后总是婉言规劝,使朱元璋多少有所节制。遇到荒年灾月,她带领宫人吃粗劣的菜饭,以此来体察民间疾苦。马皇后临终前嘱咐朱元璋"求贤纳谏,慎终如始",并愿"子孙皆贤,臣民得所"

元璋有了一块比较稳定的有发展前途的根据地。朱元璋采纳了一儒者所献策略:"高筑墙,广积粮,缓称王",命令军队自己动手生产,兴修水利,减轻农民负担。兵强粮足之后,把进攻矛头指向土地肥沃、盛产粮食丝绸的浙江一带。孤立的元军据点,被次第消灭。1368年,朱元璋于应天府称帝,国号大明,年号洪武,建立了全国统一的封建政权。

明朝建立了,实际上光明并没有到来。明王朝仍然面临着严峻的形势:中原的战火基本熄灭了,但被战火烧焦的土地还了无绿意,而人民需要吃饭;元朝被推翻了,但退居塞北的残元势力正筹划着卷土重来,而他们并不是不具备这种实力;新的政权建立了,但在新政权中担任要职的官员臣骄将悍,使得新建立的政权并没有多少新气象,而且互相争权夺利,消耗着本不丰富的政权资源。

朱元璋出身寒贱,自称"淮右布衣",完全靠自身奋斗脱颖而出,从金字塔的最底层上升到塔尖,再俯视脚下的金字塔,自有他见识过人之处。

相关链接

朱元璋为何称国号为明？

朱元璋是继承了郭子兴领导的红巾军而发展起来的，郭子兴以"明王（摩尼教中善势力的代表）出世"相号召，宣称"黑暗即将过去，光明将要到来"，借以鼓舞农民反对黑暗的元朝统治。所以，红巾军首领自称"明王"。朱元璋是红巾军的一支，建国后，以明为国号，显示"黑暗已经过去，光明已经到来"。

制"黄册"，行户口制

朱元璋来自基层社会，他知道金字塔底层稳定的重要，而且知道如何稳定基层。

历代统治者对基层的管理都采用固定的户籍制度，朱元璋也不例外。明初户口主要包括提供兵役的军户和提供赋役的民户。朱元璋当皇帝的第一年，就派人到瞒报严重的江南核查田亩，编制成鱼鳞图册，后在全国推行。每一地区土地丈量清楚后，绘成图册，图册上载明田亩方圆、四周界至、土壤质量、户主姓名。因总图形状像鱼鳞，故称"鱼鳞图册"。1370年，朱元璋又下了一道圣旨，在全国推行户帖制，对民户按户登记姓名、籍贯、年龄、丁口、产业，制成户帖发给各户，因户帖用黄色纸做封面，被称为"赋役黄册"。政府还规定，居民须固定住所，没有"路引"（基层政府开具的介绍信），不得走出住所百里之外。对占人口绝大多数的民户，实行"十户为保，百一十户为里"，保设保长，里立里长，负责贯彻政府的法令、征敛税赋。

鱼鳞图册以田为主，以地域为经，以人为纬，以作解决土地纠纷的凭证；黄册以户为主，以人丁为经，以田为纬，是国家征派赋役的依据。黄册和鱼鳞册互为补充，各有侧重，相互认证，又相互牵制，构成了一套比较严密的户口、田产和赋役管理制度。

《南都繁会图》（局部），明代宫廷美术作品，绢本设色，因真实地反映了明朝旧都南京市井情形，一直享有"南京本土的《清明上河图》"之盛誉

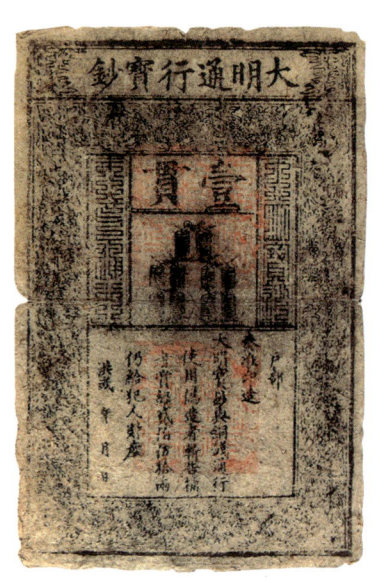

世界上迄今票幅面最大的纸币:《大明通行宝钞票》。幅面为338毫米×220毫米

洪武八年(1375)诏中书省造"大明通行宝钞",面额自一百文至一贯,共六种,一贯等于铜钱一千文或白银一两,四贯合黄金一两

设"申明亭"、"旌善亭",基层制度创新

朱元璋非常重视对基层农村的道德化控制。洪武五年(1372),朱元璋诏令全国,各乡里修建"申明亭""旌善亭"。"申明亭"和"旌善亭"是村民学习法律、明晓事理、彰善抑恶、解决邻里纠纷的地方。建申明亭的地方,必须同时设立旌善亭,旌善亭上书写乡里的善人善事、恶人恶事,以示惩劝。朱元璋要求每里推选一名年高有德之人掌管二亭事务,称为"老人"。老人每5天要搞一次宣传活动,大声朗诵"六谕",即朱元璋的六句话圣谕:"孝顺父母,尊敬长上,和睦乡里,教训子孙,各安生理,无作非为。"一部方志这样记录这件事:"洪武初年,皇上亲制谕俗'六谕',令老人执木铎,于每月朔望及每日五更天将明之时,朗诵于通衢,使老百姓在夜气清明之际,忽闻此语,冷然省惕,湔洗前非,坚其善行。"

老人的另一项任务是传讲《宣谕》。明朝初年，每月朔旦文书房请旨传《宣谕》一道，教谕百姓于当月应做的事，由顺天府发出，传布天下。如六月百姓应缴夏税，《宣谕》即提醒众人须"各守本分，纳粮当差"。除执掌教化外，老人还负责调解里内各家争讼之事。凡民间婚姻、田产、地基、斗殴等纠纷，须先在申明亭调解，由里甲老人、里长及县衙的有关吏员，在申明亭对双方纠纷晓之以利害，说服双方让步，妥善解决。少数经调解无效者，可拟状击鼓，由知县升堂审理，判决。如果不经由里老理断的，不问虚实，先将告状人杖责60，仍然发回里老去评理。

申明亭是朱元璋的一个创新，它解决了千百年来知县整天被各种鸡毛蒜皮官司困扰，而难以用较多的精力谋一县大政的弊病。即使申明亭中不能调处解决的官司，也使事情梗概变得清晰起来，转给知县，审理也快捷多了，这也是提高政府办事效率的一项有效措施。

和以前历代皇帝的教化方式相比，朱元璋的化民成俗举措更易于操作。

相关链接

族　诛

中国古代因一人犯罪而杀其亲族的刑罚制度。又称门诛、屋诛等。根据株连范围的不同，族诛主要有以下几种：一为诛二族，即诛杀父子两代之成年者。二为夷三族，即诛灭三族。三族之说有二：一是父母、兄弟、妻子；二是父族、母族、妻族。三为诛九族。九族，也有两说：一为本身及以上的父、祖、曾祖、高祖和以下的子、孙、曾孙、玄孙；二为父族四，母族三，妻族二，合为九族。另有一说还包括学生在内，为十族。

知识窗

金额大写源于防贪

在中国各地,只要是开发票,同一张票面上的金额必须同时有大写和小写两种写法,这已经成为中国人的习惯,大概很少有人能想到,这一习惯却源于历史上的一件贪污案。

据史书记载,明朝初年,有一重大贪污案——"郭桓案"。郭桓曾任户部侍郎,他利用职权,贪污累计达2400万石粮食。朱元璋大为震惊,下令将郭斩首示众,同时制定了一系列严格的防范措施,其中较重要的一条就是把记载钱粮数字的汉字"一、二、三、四、五、六、七、八、九、十、百、千",改用"壹、贰、叁、肆、伍、陆、柒、捌、玖、拾、陌、阡"。后又把"陌"和"阡"改写成"佰、仟"。到了近代阿拉伯数字引入中国,它与汉字大写数字相配合一直沿用至今。

数字大写,在技术层面上确是重要的举措,堵住了账册上的一个漏洞。另外,在某种意义上来说,这也是朱元璋留给后代的一笔防贪反腐的遗产。

严刑治贪,重典治吏

朱元璋出身贫贱,对土豪劣绅、贪官污吏压迫百姓的行径痛恨异常,因此他制定的法律条文有些过于严苛,后人颇有微词。但在朱元璋统治时期,吏治较为清明,这倒是事实。明代建国初年,朱元璋令人详定《大明律》,经过多次修改删定,颁行全国。朱元璋下诏,"有稍议更改,即坐以变乱祖制之罪",因此《大明律》是明一代的根本大法,还直接影响到后代的《大清律》。

《大明律》是正律,正律一般都比较冠冕堂皇,基本内容离不开《唐律》为主的历代法典传统。朱元璋一手制定的《大诰》才是明代的特色。《大诰》模仿《尚书·大诰》而编。从形式上讲,《大诰》包括案例、新增刑事法令、新刑罚和朱

让贪官不寒而栗的皇帝

明孝陵,明太祖朱元璋和皇后马氏合葬的陵寝。位于南京市紫金山南麓独龙阜玩珠峰下,据说是朱元璋自选的"寿宅之所"。陵园当初北起钟山,南至孝陵卫,东起灵谷寺,西至城墙,陵垣周长达 22.5 千米。当时陵垣封山锢水,内则遍植松柏,放养驯鹿达数千头。明孝陵布局宏伟,规制严谨,但它的地面木结构建筑大多毁于清末战乱,现存下马坊、碑亭、石兽、望柱、翁仲石人、四方城和宝城等古迹,仅为原陵园的一小部分。

明孝陵的神道、祭享区和内宫区三殿式布置方式,开创了明清 500 年间皇家陵寝形制的先河

相关链接

凌迟

凌迟，也就是民间所说的"千刀万剐"。中国古代各种刑罚中，最惨无人道的一种。凌迟，原来写作"陵迟"，本意指山丘的缓坡。荀子说："三尺之岸，而虚车不能登也。百仞之山，任负车登焉。何则？陵迟故也。"意思是指，三尺陡坎，轻车难过；百仞高山，重车可登。原因在哪里？因高山有缓坡。后世仅取缓慢之意，将陵迟用作刑罚的名称，意为以很慢的速度把人处死。指将人身上的肉一刀刀割去，使受刑人痛苦地慢慢死去。所以，凌迟也叫脔割、剐、寸磔等。凌迟刑最早出现在五代时期，正式定为刑名是在辽代，此后，金、元、明、清都规定为法定刑。

元璋对臣民的训诫。内容上增加了刑法的残酷性。正律没有的族诛、凌迟、枭首、挑筋、剁指、刖足、断手、阉割等都被写了进去。《大诰》规定的罪处虽多，也并非一味乱杀，它的目标指向非常明确，就是贪官污吏。《大诰》中70%的条款针对贪污，20%的条款针对地方豪强，剩下的一点点才是对强盗、贼杀等行为的惩罚。朱元璋发明了一个"剥皮实草"刑，专门惩治贪官，凡贪60两以上官员，都在各衙门左侧场地上的"皮场庙"前剥皮，然后在皮里填充稻草，置于大堂公案旁，用来警戒继任官吏。

明初，一些身居高位的开国大臣居功自傲，凌暴乡里，甚至奴仆杀人都隐瞒不报。为严肃法纪，朱元璋特于洪武六年（1373）命令工部制造铁榜一种，上铸申诫公侯的命令，列举犯罪情状，逐条规定罚则。凡公侯家人倚势凌人、侵夺田产财物的，都处斩刑。鉴于历史上宦官、外戚祸国乱政的教训，立国不久即规定，凡内臣不许读书识字，不许干预政事，不许穿外朝官员的服装，内廷官级不许超过四品等等。为防外戚干政，禁止后妃参与政事。令行禁止，无论亲疏贵贱，一律不稍宽贷。安庆驸马都尉欧阳伦，在茶禁正严时，派遣家奴贩运私茶，并纵容家奴肆意指挥和凌辱地方官。事发后赐欧阳伦死，并未因为他是自己的女婿而予以宽贷。这些做法对加强洪武年间的皇权威力，有着重要的作用。

航海史上的壮举：郑和下西洋

自元朝开始到明代，中外关系史翻开了崭新的一页。通往欧洲的陆路交通，随着蒙古3次西征和四大汗国的建立，变得前所未有的畅通。通往太平洋和印度洋的海上贸易，随着元代航海技术的发达和造船业的发

福建长乐郑和塑像

郑和下西洋路线图

展，变得日益频繁，并孕育出了航海史上的壮举——郑和下西洋。

明太祖朱元璋建国后，对内实行发展经济、整顿吏治的政策，对外奉行睦邻友好的方针。他在《皇明祖训》中告诉他的继任者："四方诸夷皆限山隔海，僻在一隅，得其地不足以供给，得其民不足以使令。若其不自揣量，来挠我边，则彼为不祥。彼既不为中国患，而我兴兵轻伐，亦不祥也。吾恐后世子孙倚中国富强，贪一时战功，无故兴兵，杀伤人命，切记不可。"并将当时所知道的外国基本上都列入"不征之国"的名单。1402年，朱元璋的第四子朱棣通过武力手段夺得皇位。他在对外政策上比他老父更主动积极，不仅严格遵守睦邻友好方针，还想方设法将这一方针变成国家的行动，这就是派出宏大的船队"下西洋"。指挥这支船队的，是明成祖的亲信宦官郑和。

郑和是太监

郑和（1371—1434），原姓马，云南昆阳州（今云南晋宁县）人。1382年，明军平定云南，年幼的郑和成为明军俘虏，做了宦官。云南平定之后，随军奔往北方，先后转战于蒙古沙漠和辽东等地。19岁时开始，被选进燕王府，从此随侍燕王朱棣。在朱棣夺取皇位的"靖难之役"中，立有战功，被提升为内官监太监。33岁时，朱棣为表彰郑和的功绩，亲笔赐姓"郑"，从此更名郑和，史称"三保（宝）太监"。

七下西洋

"成祖疑惠帝亡海外,欲踪迹之,且欲耀兵异域,示中国富强。永乐三年六月,命和及其侪王景弘等通使西洋。将士卒二万七千八百余人,多赍金币……遍历诸番国,宣天子诏,赍金帛给赐其君长,不服则以武慑之。"根据《明史》这段记载,下西洋的目的,首先是明成祖怀疑建文帝朱允炆"亡海外",为了寻找朱允炆才派人下西洋。但学者认为,综合七次下西洋的实际情况来看,这种目的即使有,也不是主要的。主要的动因,应该是"耀兵异域,示中国富强"。这完全符合明成祖的政治抱负和性格特点。

郑和的七次远航,前几次几乎是连续不断地进行的,后几次略有间隔。永乐三年(1405)六月至永乐五年九月首次远航。第二次远航在第一次回国的当月就出发了,三年后的七月返回。休整仅两个月,于九月又开始了第三次远航。永乐十一年冬(1413年11月),第四次下西洋,十三年(1415)七月返回。十五年(1417)第五次远航出发,十七年(1419)七月返回。十九年(1421)春第六次下西洋,第

明代的"东洋"和"南洋"是怎么划分的?

明代的东洋和西洋的概念与今天大不相同。明代东洋和西洋的划分,是以中国的南海为界。东洋是指南海以东的海洋及岛屿,包括今天的加里曼丹岛、菲律宾群岛、琉球群岛和日本岛。清代以来,专指日本。西洋具体指南海以西的海洋及沿海各地,包括印度及非洲东部。明末清初以后,将大西洋两岸称为西洋。

群雄的舞台

靖难之役

靖难之役，是明朝开国皇帝朱元璋死后不久爆发的一场争夺皇位的战争。明太祖朱元璋，为确保朱明王朝千秋万代地统治下去，分封诸子为王。受封诸王护卫甲士少者3000人，多者1.9万人不等。北部边塞诸王因有防御蒙古贵族侵扰的重任，所以护卫甲士尤多。如北平的燕王朱棣拥兵10万。朱元璋去世后，孙子朱允炆即位，是为建文帝。建文帝采纳大臣齐泰、黄子澄的建议，先后废削周、齐、湘、代、岷等力量较弱的亲王的爵位。建文元年（1399）燕王朱棣起兵北平（今北京），以讨齐泰、黄子澄为名，发动了反抗朝廷的战争，历时4年，燕兵破京师（今江苏南京），建文帝死于宫中（一说逃亡），朱棣由燕王登上皇位，是为成祖。因朱棣起兵时号称"靖难"，因此，历史上称这场朱明皇室内部的争夺战争为"靖难之役"。

二年八月返回。二十二年（1424），明成祖逝世，远航活动停了下来。一共停了9年，宣宗宣德六年（1431），郑和奉命第七次下西洋，八年（1433）三月，船队返航途经印度西海岸时，郑和因劳累过度去世。七月船队返回南京，下西洋活动结束。

明成祖朱棣42岁时画像

朱棣（1360—1424），即明成祖。38岁当皇帝，在位22年，年号"永乐"。他是朱元璋26个儿子中的第四子，原来被封为燕王，后通过"靖难之役"从侄儿建文帝手中夺取了皇位。谥号"文皇帝"，庙号太宗，嘉靖皇帝将他的庙号改为"成祖"，后人便一直称他为"明成祖"。在历史上，和明成祖的名字联系在一起的有：郑和下西洋、奴儿干都司、《永乐大典》、浚通大运河，大规模营建北京等等

相 关 链 接

阉人、宦官和太监的区别

在许多人的印象中，宦官与太监是一码事，都是被割去生殖器官后在皇宫里侍奉皇帝和皇帝家庭成员的男人，其实，二者在历史上的不同时期是有明显区别的。

东汉以前，侍奉于内官的人一律称宦官，此时的宦官不全是阉人，也有士人。东汉开始，"宦官悉用阉人，不复杂调他士，"显然，东汉时的宦官才都是阉人。

关于"太监"一词，最早出现在辽代，辽代的太府监、少府监、秘书监等设有太监。元代因袭辽制，但元代太监并非都是被阉割的人。明代，充当太监的人必是宦官，但宦官并不都是太监。如《明史·郑和传》记载："郑和……初事燕王于藩邸，因起兵有功，累擢太监"。郑和12岁被阉割入宫，10多年后被提升为太监。"太监"显然是高于阉人之上的人。

太监成为宦官的专称是从清代开始的。因为清代将侍奉皇帝和皇族的宦官都冠以太监之称，所以，宦官与太监便混为一谈了。

群雄的舞台

郑和第七次下西洋前为祈保"风调雨顺"而铸造的铜钟。1982年在福建南平发现

远航规模空前

郑和下西洋前,中国曾有许多次远航经历,但没有一次规模如此之大。英国的李约瑟博士在全面分析了这一时期的世界历史之后,得出了这样的结论:"明代海军在历史上可能比任何亚洲国家都出色,甚至同时代的任何欧洲国家,以致所有欧洲国家联合起来,可以说都无法与明代海军匹敌。"

郑和七次下西洋,统领着规模巨大的船队,船只上百,多时在240艘以上。随行人员多达27000多人(郑和下西洋的人数,史料上有明确记载的有4次。第一次:27800人;第二次:27000人;第四次:27670人;第七次:27550人),相当于现代一个军团的编制!船队除了配备的文武官员,还有大批技术人员、翻译、工匠、水手,仅医士和医官就有180名。当时西方哥伦布、达伽马和麦哲伦航海的人数,分别在90至1500人之间、170多人和265人。众所周知,航海人数的多少,反映的是一国综合实力,尤其是在古代社会,它需要物质、技术等各方面的保障。

郑和船队的规模十分壮观,大大小小的众多船只编组而行。船队中,有五种类型的船舶。第一种类型叫"宝船"。据20世纪30年代发现的《郑和家谱》记载,大船称为"宝船",共63艘,最大的长44丈(1丈约为3.33米)4尺(1尺约为0.33米),宽18丈,折合现在的长度,长为151.18米,宽为61.6米。船有四层,船上9桅可挂12张帆,锚重有几千斤(1斤约为500克),要动用200人才能起航。"宝船高大如楼,底尖上阔,可容千人"。船上有航海图、罗盘针。这种罗盘针夜间还能观星定向。第二种叫"马船"。马船长37丈,宽15丈。第三种叫"粮船",第四种叫"坐船",第五种叫"战船"。可见,郑和所率领船队属于特混船队,载货的、运粮的、作战的、居住的,分工明确,种类齐全,规模宏大。

舵杆,11.07米。1957年出土于南京龙江宝船厂遗址,现藏于国家博物馆明代陈列室。

学者根据古船的比例推算,拥有这根舵杆的船只长度应在55米左右。1492年哥伦布航向新大陆所用的旗舰"圣玛丽亚号",只有35米

郑和船只模型

群雄的舞台

相 关 链 接

麻将是谁发明的？

一提起麻将，中国人几乎无人不晓，但关于麻将是谁发明的，众说纷纭。其中有一种说法，被许多人所接受，即是郑和发明的。

郑和在28年中七次下西洋，一次就是两三年，长年的航海生活，单调枯燥，许多人精神萎靡，甚至抑郁成疾。为解除将士们的烦闷，郑和冥思苦想，利用船上的毛竹发明了一种游戏工具，开始时不叫麻将，叫竹牌。每张竹牌，都与航海有关。比如：船一入公海，陆地隐去，到处是白茫茫一片，所以，竹牌中设置了"白"板。这样的环境，谁不想家呢？家在何处？"中原"。想家怎么还出来远航呢？经商，经商的目的是什么？"发财"。发多少财？"一万""二万""三万"，直至"九万"，"九"为极数，最大数。出海远航，淡水必不可少，当时船上装水的器具是竹筒，于是，便有了一至九筒。船靠岸，须抛锚系绳索，于是，有了一至九条（索）。无动力帆船航行，最关键的是看风向，竹牌里刻置了"东""南""西""北"风；长年的海上航行，只能感觉到四季冷暖，却看不到花开四季，只能画饼充饥，刻上"春桃""秋菊""夏荷""冬梅"，以解烦忧。

新航线的开辟

郑和的船队在江苏刘家港集结，沿海南下，在福建长乐太平港"伺风"（等候太平洋季风）。季风来了，便穿过台湾海峡和南海，经占城（今越南中部），到达东南亚各国，再进入印度洋。前三次主要在印度以东，最远到达古里（约在今印度半岛西南部）。古里是古代东西方海上贸易的重要港口。第四次开始到达西亚、东非地区。根据1459年威尼斯制图家弗拉·毛罗所绘世界地图上注记，郑和船队的一支分船队在第五次或第六次远航时，很可能一度绕过了马达加斯加岛和好

《榜葛剌进麒麟图》，清代陈璋临摹。纵 118.3 厘米、横 46.5 厘米。**中国国家博物馆藏**

原图为明代沈度绘，描绘"永乐六年（1408）榜葛剌国王霭牙思遣使来贡"。榜葛剌即今孟加拉。郑和下西洋使团曾数次访问榜葛剌，受到隆重接待。该国也曾于永乐、宣德年间数次访问中国，并赠名马、麒麟等物。当时著名书画家沈度将这一盛况用绘画的方式记录了下来。麒麟本是中国古代传说中的祥瑞灵物，但在实际生活中并不存在，后来有人将热带地区的长颈鹿也称为麒麟

望角，进入南非西南沿海的大西洋海域。

郑和下西洋，经过太平洋，横穿印度洋，抵达了大西洋，整个航程涉及世界三大洋，这在中国航海史上是开创之举，在世界航海史上也居于领先地位。用木船、仅凭自然风力航行，种种困难是难以想象的。克服这些困难需要航海技术、造船技术、航海经验、海洋知识，更需要勇气和探险精神。

中国人对海洋的探索不是始于明代，据中国文献和阿拉伯文献记载，早在公元前 2 世纪，汉武帝时期中国的远洋船就曾到达过今天的斯里兰卡。唐宋时期，到过红海和东非海岸。元代旅行家汪大渊两次乘商船抵达肯尼亚以

南的坦桑尼亚沿海。《马可·波罗行纪》中记载元代使者访问过马达加斯加。这些为以后中国人的航海奠定了基础。

明代以前中国远洋，基本上是进行沿岸航行，船的规模、数量和人数、航行的次数、持续的时间都不能和郑和下西洋相比。郑和下西洋，使中国的远洋航行出现了实质性的突破，开辟了一些新航线，形成了多点交叉的海上交通网络。

《郑和航海图》

《郑和航海图》，原图呈一字形长卷，收入《武备志》时改为书本式。图上所绘基本航线以南京为起点，沿江南下，出海后，沿中南半岛、马来半岛海岸，穿越马六甲海峡，经锡兰山（今斯里兰卡）到达溜山国（今马尔代夫）。由此分为两条航线，一条横渡印度洋到非洲东岸；另一条从溜山国横渡阿拉伯到忽鲁谟斯。图中的山岳、岛屿、桥梁、寺院、城市等，采用中国山水画形式绘制，形

《郑和航海图》，原名《自宝船厂开船从龙江关出水直抵外国诸番图》，因其名冗长，后人简称为《郑和航海图》。原图呈一字形长卷，最后附"过洋牵星图"。该图是郑和下西洋的航海成就之一。它是在继承前人航海经验的基础上，以郑和船队的远航实践为依据，经过整理加工而绘制的

象直观，易于辨认。对主要国家地点则用方框标出。图上共绘记 530 多个记名，包括了亚非海岸和 30 多个国家和地区。往返航线各 50 多条。这充分说明当时中国远航经验的丰富和航海技术水平已达到一定高度。

现代英国科学家李约瑟在《中国科技史》一书指出："关于中国航海图的精确性问题，米尔斯和布莱格登曾做了仔细的研究，他们二人都很熟悉整个马来半岛的海岸线，而他们对中国航海图的精确性做出了很高的评价。此外，马尔德最近还从领航员的角度研究了这些资料。在这些图上遇有海岛的地方，一般都绘有外线和内线，有时还为往程和返程分别画出了供选择的航线。""误差一般不超过 5°，这对于 1425 年的舵工来说，可以认为是极好的了。"

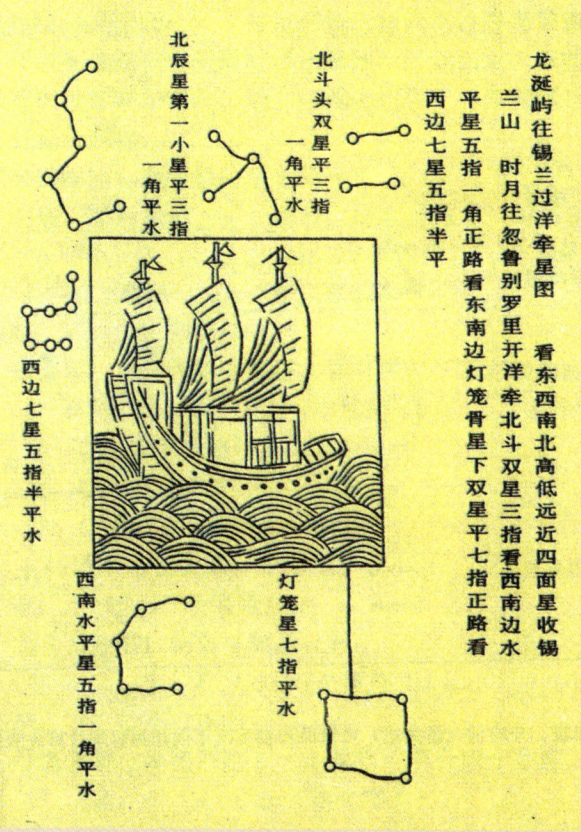

郑和下西洋时所用的航海牵星图

群雄的舞台

满族的兴起

努尔哈赤（1559—1626），明初建州左卫都督、女真酋长猛哥帖木儿的后裔，姓爱新觉罗氏。"爱新"是满语"金"的意思，"觉罗"是"族"的意思，所谓"爱新觉罗"即金朝的遗族。因为女真族自以为是历史上金国之后，所以便以金为姓。努尔哈赤10岁时丧母，因不堪继母虐待，19岁离家，入山采参至抚顺（今辽宁）出售，由于经商关系，得以长住抚顺，能通汉语，识汉字；又精于骑射，长于策划。

早在周朝，长白山和黑龙江广阔土地上就活动着一支叫肃慎族的少数民族，北魏时称勿吉，隋唐时称靺鞨，北宋时称女真。11世纪，阿骨打建立了金朝政权，强大起来后进军中原，扫平了北宋，100多年后，自己被南宋和蒙古联兵所灭，又重新回到东北。

明朝初年，女真族分为建州女真、海西女真、野人女真三大部。明中叶以后，三大部女真不断迁徙。明万历年间，建州女真主要分布在抚顺以东至鸭绿江、长白山一带；野人女真和其他少数民族，分布在黑龙江流域直到东海之滨；海西女真分布在建州和野人女真之间地带。当时，女真族各部蜂起，建州女真分八部，野人女真分三部，海西女真分四部，各部称王争长，互相攻伐。在这种混战的局面之下，逐渐产生了女真应该统一的要求，努尔哈赤就成为实现这一历史要求的人物。

努尔哈赤的先世受明朝册封,为建州左卫(明中叶以后在今辽宁新宾境)都指挥使。万历十一年(1583),努尔哈赤的祖父、父亲被明朝军队误杀。24岁的努尔哈赤本想起兵索报父仇,但势孤力单,只有甲13副,部众30人,无力与明军对抗。于是,他将目标先定为统一女真各部。

努尔哈赤自幼喜兵爱猎,武艺超群,懂汉文、懂蒙文,多谋善断,长于用计。"自幼于千百军中,孤身突入,弓矢相交,兵刃相接,不知几经鏖战。"努尔哈赤不仅英勇无畏,且极善忍耐,精于计谋。为实现自己心中的目标,他将识人、得人、用人放在首位,逐渐提出用人六原则:用贤人;不论亲疏,公正举人;用人所长,"英勇者,用以治军""忠良者,用以辅理国政";举贤贬奸;"有善行者,虽系仇敌,亦不计较,而以有功

长白山天池

长白山天池是中国最深的湖泊,1702年火山喷发后的火口积水而成,高踞于长白山主峰白云峰(海拔2691米)之巅。湖面海拔2155米,面积9.2平方千米,平均水深204米,为中朝两国界湖。湖周峭壁百丈,环湖群峰环抱,色彩缤纷,景色诱人

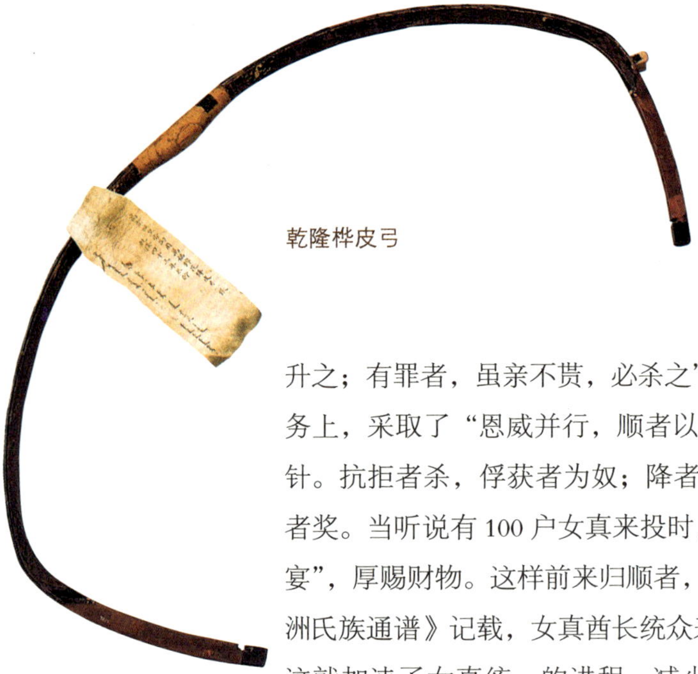

群雄的舞台

乾隆桦皮弓

升之；有罪者，虽亲不贳，必杀之"；视需而赏。在军事与外务上，采取了"恩威并行，顺者以德服，逆者以兵临"的方针。抗拒者杀，俘获者为奴；降者编户，不夺其财物；来归者奖。当听说有100户女真来投时，他遣200人往迎，"设大宴"，厚赐财物。这样前来归顺者，日渐增多。仅据《八旗满洲氏族通谱》记载，女真酋长统众来归者，有两三百起之多。这就加速了女真统一的进程，减少了不必要的伤亡和损失。在用兵上，采取积极争取蒙古联盟，尽力避免过早地与明朝发生正面冲突的"由近及远，攻弱避强"的策略。努尔哈赤议即定，定即行，准备伐明30多年，直到誓师伐明前，明军毫不知情，这非常有利于女真的统一。

从明万历十一年祖父、父亲被杀起，努尔哈赤用了30年时间，统一了建州、海西女真及大部分"野人女真"部落，"自东海至辽边，北自蒙古嫩江，南至朝鲜鸭绿江，同一音语者俱征服""诸部始合为一"。在统一女真各部的过程中，努尔哈赤积极建立国家政权。万历十五年（1587），努尔哈赤"建衙门楼台""定国政"。命额尔德尼和噶盖二人参照蒙古文字母创制满文。万历三十三年（1605），自称"建州王""建州国汗"。建立牛录制度——八旗制度，让八旗人员居住同一地区，说满语，书满文，女人不得缠足，男人一律剃发留辫。

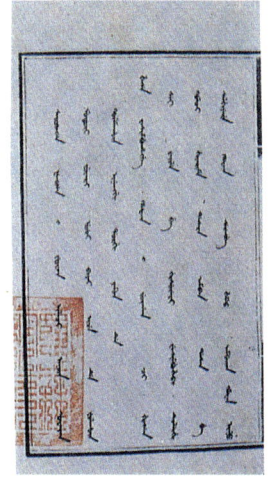

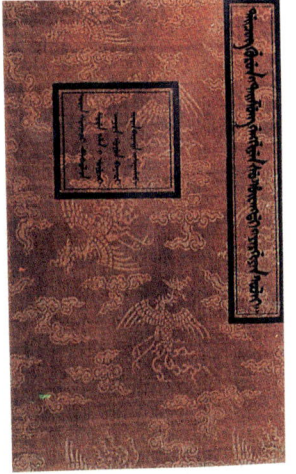

满文

努尔哈赤时期创立的满文,俗称无圈点满文或老满文。字母数目和形体与蒙古文字母大致相同,使用了30余年。1632年清太宗下令满文改革,规范了词形,改进了拼写方法,创制了专门拼写外来音的字母。改进后的满文有了比较完善的字母体系和拼写法,具有区别于蒙古文字母的明显特征,俗称有圈点满文。满文自左而右直写,有6个元音字母,24个辅音字母,10个专门拼写外来音的字母,属阿尔泰语系满—通古斯语族满语支

图像里的中国 TUXIANG LI DE ZHONGGUO
群雄的舞台

经过这些措施，原来属于不同部落、不同地区、习俗相异的几十万女真、蒙古、汉人，在统一的法令下，旧有的差异消失，相同点增多，逐渐形成生活地域相同、风俗习惯趋同、语言文字统一、心理状态相近的新的民族共同体。

万历四十四年（1616）除夕，58岁的努尔哈赤在赫图阿拉举行开国登基大典，自称"承奉天命覆育列国英明汗"（简称"英明汗"），定国号为大金（史称后金），建元天命。

立国第三年（1618），努尔哈赤誓师征伐明朝。

大政殿俗称八角殿，始建于1625年，是清太祖努尔哈赤营建的重要宫殿。初称大衙门，1636年定名笃恭殿，后改大政殿。八角重檐攒尖式，八面出廊，其下为须弥座台基。殿顶满铺黄琉璃瓦，镶绿剪边，宝顶周围有8条铁链各与力士相连。殿前两明柱各有金龙盘柱，殿内为梵文天花和降龙藻井。此殿为清太宗皇太极举行重大典礼及重要政治活动的场所。顺治元年（1644）皇帝福临在此登基继位

1619年，明军和努尔哈赤的军队在萨尔进行了一次会战。明军调集8万多人，加上朝鲜兵和叶赫兵共10万人，分兵四路，集中进攻后金都城赫图阿拉。努尔哈赤采取集中兵力、各个击破、以己之长、克敌之短的方针，于萨尔浒（距赫图阿拉西120里）大败明军。明军四路出击，三路败没，四位总兵战死。明金之间的第一次大决战，以明军在萨尔浒的彻底失败而结束。天命六年（1621），努尔哈赤发动了辽沈大战。攻下沈阳城后，后金兵进城仅驻了5天，就挥师南下，夺取了辽东重镇辽阳城。后金在辽沈大战的胜利，使东北的绝大部分地区纳入了它的统治范围。后金于攻下辽阳城的当年，即迁都辽阳，四年后定都沈阳。

天命十一年（1626），努尔哈赤在宁远战役中被明军的大炮打成重伤，不久逝世。第八子皇太极继位。1636年，皇太极在沈阳称帝，改国号为大清，改元崇德，清朝正式建立。

知 识 窗

皇太极为何改女真族为满洲族？改金为清？

综观历代王朝起名，可看出如下规律：一是沿用部落旧称和开国君主的旧封号，多数朝代的名称都是这么来的，如夏、商、周、秦、汉、隋、唐；二是冒充汉皇后裔，以求正朔，如后汉、后周；三是附会古代经典或宗教教义，如元、明；四是淡化民族旧怨，如清朝。

女真人在12世纪建立了金国，称雄中原近百年，努尔哈赤是女真的后代，以此为荣，所以立国仍称为金，史称后金。皇太极继位后，更加雄心勃勃，他不满足于东北一隅，决心夺取整个明朝江山。鉴于女真人建立的金国在宋朝时已与汉族人结下了很深的民族仇恨，为消除这一名称带来的历史负面影响，改后金国号为清，改女真族为满洲族。还有书记载，改金为清，改女真为满，是因为"清""满"二字均有水字旁，皇太极的这种做法有以水克火（明，日月为火）、以清代明的意思。

相关链接

牛录额真

牛录是满文的音译，翻译成汉语为射猎用的"大箭"。女真人"凡遇行师出猎，不论人之多寡，照依族寨而行。……出猎开围之际，各出箭一枝，十人中立一总领，属九人而行，各照方向，不许错乱，此总领呼为牛录（大箭）额真（意为主）。"

八旗制度

八旗制度渊源于女真人长期流行的牛录制。牛录制是以族寨为基础凑编而成的临时性狩猎组织，围猎用武，自由组合，围猎完毕便解散。牛录制首领牛录额真，也是临时指挥者。这种各依族寨、自由凑编的临时武装，既是当时女真各部分裂涣散的产物，又是女真统一的极大障碍，还为明朝政府对女真实行分而治之的政策提供了条件。

努尔哈赤在统一女真各部的长期过程中认识到，对于女真这种长期沿袭下来的组织形式，既要利用，又不能照搬。一概否定，难以完成统一，即使暂时能施用武力强制让许多小部落混杂在一起，也很难稳定；照搬不改，统一难以长久，更不能使这些个性鲜明的部落融合成为一个牢固的共同体。所以，他对牛录制不断予以改组、发展和完善，最后建立了八旗制度。

从牛录到八旗有一个逐渐摸索和发展的过程。开始时，多数牛录是以原来的部落为单位，以率众来归的酋长或其子侄为牛录额真。在统一女真的过程中，不少女真分散地前来归顺，也有临阵投降者，努尔哈赤把这些人丁编立牛录，给予功臣和能干之人管辖。

努尔哈赤编立的牛录,虽然渊源于女真古老的牛录制,但性质和以前发生了很大的变化。古老的牛录,是临时武装,围猎活动开始,牛录组织产生;围猎一旦结束,牛录自动消散。努尔哈赤编立的牛录,不完全依照族寨旧俗,它将以狩猎为目的的临时性组织改造成为包括军、政、财、刑各

多铎入京图

群雄的舞台

信牌

因满族早期的文书书写在木牌上,所以称满文木牌。直到顺治二年(1645)才令"各衙奏事,俱缮本章,不许复用木签"。满文木牌留存下来的极少。此木牌是清武英郡王阿济格军中遗物,上面记载了阿济格于明崇祯九年(1636)率满、蒙、汉八旗进入关内,在京畿周围与明兵作战,攻克城堡和俘获什物数目以及统兵之王、贝勒下达的命令等。这些木牌对研究清初史料及满洲文字史,颇多裨助。

方面职能同时存在的社会组织,并且长期存在。"于各处部落例置屯田,使其酋长掌治耕耘",遇有征战,传令于"各部落酋长……各领其兵,军器军粮使之自备"。可见此时的牛录既已成为努尔哈赤辖束的军政机构,又是女真——满族社会的基层组织。

但这个时候的牛录人丁多少不等,有的18户编1个牛录,有的100户编1个牛录,有的400户编1个牛录,多的500多户编1个牛录,人丁数量相差悬殊,给统一管辖带来了很多困难。比如,筑造城池、出兵征战,按照什么标准分派给各牛录?战争中俘获的财帛人畜以什么为基数分配?辖治500户与仅仅管理18户的牛录额真,地位、待遇是否相同,是按牛录分配还是以人丁为依据等等,纷繁复杂,给统一事业造成了不少麻烦。

另外,随着统一步伐的加快,"来归"者

相关链接

甲喇

甲喇，又称扎拦，是满文的音译。原意为草节、树节、竹节之节、骨节之节等，八旗制度里边的甲喇起承上启下作用，上为固山（旗），下为牛录。

八旗

镶黄旗为北方，是汗（大汗）旗。正黄旗方位也在北方，与镶黄旗同为汗旗。至清末，是八旗洲中人数最多的一旗，下辖约3万兵丁，男女老少总人口约15万人。

镶白旗方位在东方，是贝勒旗。

正白旗方位在东方，是贝勒旗。

镶红旗方位在西方，是贝勒旗。

正红旗方位在西方，是贝勒旗。

镶蓝旗方位在南方，是贝勒旗。

正蓝旗方位在南方，是贝勒旗

群雄的舞台

八旗旗衣

日众，牛录激增，迫切需要建立严密的分级管辖制度。因此，努尔哈赤在传统的女真牛录制基础上，加以改组、发展、扩大和定型，创立了八旗制度。

1601年，旗分黄、白、红、蓝四色，300丁为1牛录，置牛录额真管辖。虽然实际上各个牛录并不一定都是300丁，有多有少，但大体上比较划一。1615年，"将此四色镶之为八色，成八固山（八旗）"，正式确立了延续将近300年的清朝特有的八旗制度。

努尔哈赤时期，八旗的基本成员是满洲族，所以称满洲八旗。努尔哈赤是八旗的总旗主，又是两黄旗的和硕贝勒，其余各旗是他的兄弟子侄。皇太极只是在他的大兄、努尔哈赤长子褚英被废后，接管他所管辖的正白旗，才成为和硕贝勒的，后来做了皇帝，他又直辖两黄旗，这就是此后的大清皇帝直辖的"上三旗"。

努尔哈赤创建八旗，开始是借用军队旗帜色彩为记。八旗的旗帜有一定

规格,又按方位分旗色。

八旗制度的特点是"以旗统兵,以旗统人"。凡隶于八旗者"出则为兵,入则为民","无事耕猎,有事征调",兵民合一,全民皆兵。入关以后,建立了八旗常备兵制和兵饷制度,八旗兵从而成了职业兵。

八旗制度不仅是军事制度,而且还具有行政管理职能。国家筑城、运输等项力役,皆按旗佥派牛录人丁担任。官用粮谷,也由八旗各牛录提供,这对保证军粮供应,起到了很大的作用。其他用费,包括临时征战急需的军马和舟船,也由各牛录备办。

八旗制又是后金进入辽沈以前的政权的特殊组织形式。牛录是基层政权机构,上为甲喇,再上为固山(旗)。八旗的固山额真、甲喇额真、牛录额真,既要执行汗王的指示,指派人夫屯田服役、披甲当兵,率领士卒战阵厮杀,又要遵奉汗王和旗主贝勒的命令,辖治属下人员。

群雄的舞台

清代八旗组织中最重要的组成部分是满洲八旗。初创时，就有满洲牛录308个，康熙朝有较大发展，满洲牛录达669个。此后略有增加，嘉庆时有满洲牛录681个，清末基本保持在这一水平上。

除满洲八旗外，清代的军队中又有蒙古八旗、汉军八旗，事实上共有24旗，仍然称为八旗。编入八旗的人，称为旗人或旗下人。顺治以后，满洲八旗中的镶黄旗、正黄旗、正白旗称为"上三旗"，因为皇帝曾经是这三旗的旗主，所以号称"天子自将"，皇帝的警卫部队都由这三旗的子弟担任。其他五旗则称为"下五旗"。

八旗有京营与驻防之分。所谓京营，又称禁旅（中央禁军），约有12万人。所谓驻防，即地方警卫部队，负责地方镇抚，由将军、都统负责。将军位高权重，可以监督地方上的总督、巡抚，分别驻扎在江宁（南京）、杭州、广州、荆州、成都、西安、宁夏、绥远，部队约有10万人。

八旗制度的建立，有力地促进了满洲族的形成和发展。整个满洲按旗的

知识窗

贝 勒

清代贵族爵位名，全称多罗贝勒。明万历四十三年（1615），努尔哈赤确立八旗制度，以子侄为各旗旗主，统称为八和硕贝勒。万历四十四年（1616）努尔哈赤建号大金，命次子代善为大贝勒、侄阿敏为二贝勒、五子莽古尔泰为三贝勒、八子皇太极为四贝勒，共同听政，其地位尊于其他贝勒。史称四大贝勒。天命十一年（1626）皇太极即位后，废除四大贝勒共理政务的旧制，建立贵族封爵制度。以后，逐渐形成12级封爵制。

12级封爵名号依次为：和硕亲王、多罗郡王、多罗贝勒、固山贝子、奉恩镇国公、奉恩辅国公、不入八分镇国公、不入八分辅国公、镇国将军、辅国将军、奉国将军、奉恩将军。

太宗崇德年以前的贝勒，实即后来的亲王。受封者皆为宗室及其他八旗贵族，有世袭、恩封、功封和考封等获取途径。

归附清朝的蒙古贵族也实行此封爵制，在亲王、郡王下置贝勒爵。

方位而分,依甲喇、牛录而居,原来一族之人常常分属不同的旗或不同的甲喇、牛录。现在基本上打破了女真各依族寨而居的旧习,使八旗数十万不同部族的成员,居住在同一地区,扫平了原部落的此疆彼界,加强了彼此之间的联系。八旗制度从正式建立到1911年清朝覆灭,存在了近300年的时间。它是清王朝统治全国的重要军事支柱,也为发展和巩固多民族统一的国家、抵御外来侵略等做出了重要贡献。随着历史的嬗变,八旗制度中落后的一面也日益明显,在征战中的作用也愈来愈小。八旗制度的命运和清王朝的命运紧密相连,最终由盛而衰、由衰而亡。

清代中央首辅机构——军机处

清军入关,清王朝建立起全国政权,沿明朝制度始设内阁。内阁在清初成为定制,经历了相当长的时间,约27年,到康熙时才最后确定下来。其所以如此,是因为清入关前原

中和殿大学士为诸殿阁大学士之首

有内三院。

内三院是清代内阁前身,是辅助皇帝处理政务的枢要机构。1615年,努尔哈赤建立八旗制度,同时建立议政会议,成为国家政权的中枢机构,"每五日一次,使诸贝勒大臣聚集衙门议事,是非公断,作为常规"。军国大事,均决于此。显然,作为中枢机构的议政会议,其职能是军政统决。

天聪五年(1631),皇太极仿明制始设六部:吏部、户部、礼部、兵部、刑部、工部,以贝勒王主部务,下设承政、参政、启心郎等官,满汉兼用。天聪十年(1636),将原来掌管翻译文书、记注国史、出纳奏章、传宣诏令、办理"国书"、撰写功臣敕书的"文馆"改为内三院,即:内国史院、内秘书院、内弘文院,分任职掌。内三院共设大学士4人(内秘书院2人),学士15人。同年又设都察院,共六部二院,称"八衙门"。至此,其行政机关与军政

补服的起源

补服为明、清两代官服之一。明代称补子,清代称补褂。因其前胸和后背缀有用金丝、彩线绣成的方形的图案,故名。它用来区分官爵大小,是官品的标志。

补服的源头可上溯到唐代。相传,有一天武则天上朝时赐给官员们绣了花的官袍。因为是御赐之物,所以其他官员也纷纷效仿。这就是补服的源头。但这些绣了花的官袍还不是官阶的标志。

真正代表官位的补服定型于明代。据《明史·舆服志》记载,洪武二十四年(1391)规定,官吏所着常服为盘领大袍,胸前、背后各缀一块方形补子,文官绣禽,以示文明,武官绣兽,以示威武。文官补子用双禽,相伴而飞,而武官则用单兽。到了清代,文官的补子却只用单只立禽,各品级与明代也略有区别,通常是:一品仙鹤,二品锦鸡,三品孔雀,四品雁,五品白鹇,六品鹭鸶,七品鸂鶒,八品鹌鹑,九品练雀;而武官还是用单兽,通常为:一品麒麟,二品狮,三品豹,四品虎,五品熊,六品、七品彪,八品犀牛,九品海马。

《胤禛行乐图》，北京故宫博物院藏

胤禛（1722—1735年在位），即雍正皇帝，姓爱新觉罗，胤禛是他的名，康熙的第四子，清朝入关之后第三任皇帝。在位13年，以统治手段严苛而闻名。在位期间，实行"摊丁入亩"，将人头税并入土地税之中，结束了中国几千年征收人头税的历史；在西南等地实行"改土归流"，废除世袭土司，加强了对少数民族地区的控制；在中央设立由皇帝直接控制的军机处，作为处理军政大事的核心机构，以此加强皇帝本人的权威

征伐机关和组织才分别开来，改变了过去军政不分、文武合一的格局，后金国家中央组织机构日趋完善。而内三院大学士也由单纯办理文书事务，开始在一定程度上参与议政。内三院已隐然初具内阁的规模。

顺治十五年（1658），顺治帝沿用明制，改内三院为内阁。大学士改加"殿""阁"头衔，称"中和殿大学士""保和殿大学士""文华殿大学士""武英殿大学士""文渊阁大学士""东阁大学士"。大学士的品级为正五品，这也是参照明制，怕大学士权力过重，借以抑制。

康熙亲政后，军国机要，始终归内阁。清军在西北与准噶尔蒙古激战，往返军报频繁，内阁人多而杂，离宫外近，距内廷政务中心又远，当时内阁在太和门外，皇帝在养心殿，中间隔着太和门、太和殿、中和殿、保和殿、乾清门，皇帝不便亲授机宜，又恐军机外泄，所以开始在离养心殿只有百

步之遥的隆宗门内设立军机房,选内阁中谨密者入值缮写,以处理紧急军务,辅佐皇帝处理政务。1732 年,改称"办理军机处",乾隆以后省去"办理"二字,遂简称为"军机处"。军机处本为办理军机事务而设,但以后的皇帝发现有这个部门办事快捷,效率奇高,所以,战事虽无,不但不废,而且其职权愈来愈扩大。中经乾隆、嘉庆、道光、咸丰、同治、光绪,直至宣统三年(1911)皇族内阁成立后才被裁撤,历时 182 年。

「朱批实物」

军机处的职官有军机大臣,俗称"大军机",有军机章京(办理文书事务的官员),俗称"小军机"。军机大臣由皇帝从满、汉大学士、尚书、侍郎等官员内特选,有些也由军机章京升任。军机大臣的任命,其名目为"军机处行走",或

知识窗

清代什么人可以穿黄马褂?

清朝官员的制服有礼服(即前面所说的"补服",也称作"朝服")、常服、行服、雨服四种。行服是行军和旅行的服装,主要为骑马时所穿,一般附有"行袍"和"行褂":行袍同长袍一样,但是大襟右下角比左面和后面剪短一尺,所以又叫"缺襟袍";行褂穿在袍的外面,长只到股,袖只到肘——衣短是为了骑马方便,短袖是为了射箭方便,所以又叫"马褂"。

在清代,随皇帝出行的"内大臣"和"御前侍卫"所穿的行褂全部用明黄色的绸缎或纱(一般冬天穿绸缎,夏天穿纱)制成,没有花纹和彩袖。这种"行褂"就被称作"黄马褂"。

在清代,只有四种人可以穿黄马褂:一是随皇帝出巡的大臣侍卫;二是比武中的优胜者;三是作战有功者;四是朝廷特使。

满族的兴起

知识窗

明代内阁制是怎么回事？

明初,设中书省,置左右丞相,总理全国政事。洪武十三年(1380)初,明太祖为加强集权统治,废中书省和丞相。设春夏秋冬四辅官,依次轮值,备皇帝顾问,就皇帝交办之奏疏,提出意见,供皇帝裁决。当时内外奏疏和一切政务,直接由皇帝处理,遇大事大疑,皇帝同臣下一起"朝堂论政",面奏取旨。两年后,废除四辅官,仿宋代制度设大学士数人,官秩仅五品,为皇帝侍从顾问,在翰林院履任支俸,此即内阁之滥觞。

起初大学士不过是皇帝的私人秘书,"职卑位微",官阶仅有五品,六部尚书为二品。明成祖朱棣时,内阁学士可参与讨论国家的核心机密。英宗朱祁镇开始,几任皇帝都荒怠懒惰,常将奏章先交由内阁大学士阅览,将处理意见写在一个小纸条上,再送给皇帝,皇帝看过以后,把纸条撕了,用红笔写上意见,叫作"批红",亦称"朱批"。

从明朝中后期开始,内阁大学士的官阶升为正一品,二品官阶的六部尚书有事只好请示内阁大学士,六部实际上成为内阁的下属,等于又恢复了中书省统率六部的旧制。内阁大学士又按地位高低顺序,分为首辅、次辅、群辅,首辅"偃然汉唐宰辅,特不居丞相名耳"。

"军机大臣上行走"。所谓"行走",就是进入军机房值班办事的意思。军机大臣没有定额,军机处初设时为3人,以后增加到4至9人,最多至11人。军机章京初无定额,至嘉庆初年,始定为满、汉章京各16人,共32人,满、汉章京又各分两班值班,每班8人。

军机处成立后,实行了155年的议政王大臣会议于乾隆五十六年(1791)废止了,内阁变成了办理例行事务的机构,一切机密大政均移到了军机处。军机处成了全国政令的策源地和统治中心,其地位远高于国家行政中枢的内阁。这可以从军机处的工作职能上看出它的地位:

(1)承旨。军机处是皇帝的私人秘书处,这一性质决定

军机处

它全部工作都是按皇帝的旨意办事，即"承旨"办事。

（2）廷寄。廷寄是清朝皇帝写给大臣们的密信，由军机处撰拟，皇帝同意后，直接由军机处寄给受命者，这使受命者直接接受皇帝的谕旨，他人无从得知其中的内容。

（3）考试。遇科考，由军机大臣开列主考、总裁名单，奏请皇帝选用。也负责核对殿试试卷、检查笔迹或任命阅卷官。

（4）荐官。重要文武官员之任免均由军机大臣提名奏请，交皇帝选择任用，内阁对此绝不得染指。军机处虽无用人权，却有推荐权。

（5）考察。凡有行军，军机处根据文献档案，考察山川险要、道里远近，如系边远地区，图书中没有记载的，要考察新旧档案并加谘访。

（6）钦差。奉皇帝意旨以钦差大臣身份巡视各地。

……

军机处无疑是最高的政治核心，但名义上仍为皇帝的私人秘书处，无固定的官制及章则，权力的大小，全由皇帝所赋予。

军机处以"廷寄"方式行事，使军国要务得以保密。另外，军机处人员少，规模小，办事环节少，灵活性大，因而行政效率比较高。

军机大臣的权力、地位相似于明代内阁大学士，属兼官性质，所兼之职务，都是国家重要部门的主管，皇帝透过军机大臣，可以掌握各部情况。特别是，军机处不属于正规官制，员额不固定，也没有工作规章，人员规模可视实际需要做弹性改动，这对皇帝加强集权甚有帮助。

军机处行政程序特殊，上呈皇帝的奏章和皇帝下达给臣下的命令，均由军机处直接传承，不经各部长官及地方督抚。理论上说，天下任何官员和百姓都可直接与皇帝联系，皇帝可以比较容易地掌握各地、各部甚至各官员的情况。

当然，军机处也有它不合理的地方。传统相制中，相权对皇权多少起着一定的制衡作用。而军机处的本质，是皇帝私人秘书，军机处权力的大小，地位的高低，应办何事，全凭皇帝的信任和喜好，这造就了皇帝的专权。

"昭武通宝"钱

康熙十七年（1678），吴三桂在湖南衡阳登基称帝，立国大周，建元昭武，铸行"昭武通宝"钱。钱文楷、篆二体，直读，背文"壹分"等字

多民族国家的巩固与发展

清朝虽然是中国历史上的最后一个封建王朝，但它对中国历史的贡献是非常突出的。清王朝统一中原后，分布在西部、北部广阔边疆地区的蒙、藏、回、维吾尔、哈萨克、布鲁特等少数民族，日益成为多民族国家不可分割的成员；清朝幅员辽阔，领土面积为1300万平方千米，奠定了今天中国的版图；中国人口在康熙时期，首次突破1亿，到清朝末年达到4亿，成为当时亚洲头等强国，也是世界强国之一。应该说，清代的国家统一，既是历史的必然趋势，又与清统治

者特别是康、雍、乾三帝顺应这一趋势，坚决与分裂势力做斗争，实行有利于统一大业的方针和政策相关。

清朝版图的定型、国家统一的实现并非一帆风顺，是在与各种分裂势力长期斗争中完成的。1644年，清军入关，清王朝建立了全国政权。直到1661年，南明永历帝桂王朱由榔被俘，清王朝基本上统一了大陆，但国家的完全统一还远未完成。清朝入关后的第二个皇帝康熙继位之初，南方三藩势力日益壮大；台湾郑氏抗清势头渐起；东北方向的沙皇俄国不断侵扰黑龙江流域；西北方向的厄鲁特蒙古准噶尔部上层分裂势力日益嚣张，严重威胁着清王朝的统治和国家的统一。为此，清王朝统治者采取了一系列制止分裂、完成统一的行动。

削平三藩，巩固统一

所谓"三藩"，是指三个投降清朝的明军将领：一个是引清兵进关的吴三桂，一个叫尚可喜，一个叫耿仲明。因为他们在推翻明朝的战争中立有战功，所以，封吴三桂为平西王，驻防云南、贵州；尚可喜为平南王，驻防广东；耿仲明为靖南王，驻防福建，合起来叫作"三藩"。三藩占据要地，拥兵自重，成为清初的3个地方割据势力。

从顺治朝开始，因军费开支过大，国家财政入不敷出。以顺治十七年（1660）为例，国家正赋收入银875万两，而吴三桂就支取银900多万两。康熙初年，国家赋银，大半耗于三藩。而三藩在自己的驻防地，设立税卡，私行铸钱，圈占土地，掠卖人口。平西王吴三桂还自行选派官员，称为"西选"。

康熙亲政后，目睹诸藩日益坐大，渐成中央心腹之患，撤藩之心日渐强烈。恰巧这个时候朝廷收到尚可喜要求回老家辽东养老的请求，康熙立即批准他率本部人马回原籍。吴三桂大为恐慌，为试探自己在朝廷心目中的分量，也提出自己年老体衰，想辞去云、贵总管之职。此时康熙已经亲政，正愁撤藩找不到借口。但许多大臣认为三位藩王要求撤藩是假，试探朝廷态度是真，如果批准撤藩，吴三桂一定会反。20岁的康熙果断地说："撤藩，他要反；不撤，他迟早也要反。不如顺水推舟，允准他们。"遂下诏同意撤藩。诏令一下，吴三桂果然约定尚之信（尚可喜之子）、耿精忠（耿仲明之孙）打起伐清复明旗号，裹胁云贵、湖广、四川诸省，发动了武装叛乱。半个中国陷入战火。吴三桂攻下湖南衡阳后自立为帝，并授意五世达赖喇嘛上奏清廷，劝说康熙"裂土罢兵"。康熙帝痛加驳斥："朕为天下人民之主，岂容裂土罢兵?!"平叛战争打到第八年，耿精忠、尚之信被迫投降，并参加了平定吴三桂的战斗，吴三桂陷于孤立无援的境地。康熙二十年（1681）冬，最终平定了三藩之乱，康熙那年28岁。

用兵东南，武力统一台湾

台湾自古以来就是中国的领土。明代天启四年（1624），荷兰殖民者占领台湾。顺治十八年（1661），民族英雄郑成功驱逐荷兰侵略者，收复台湾。清朝为统一中国，先后3次派人与郑成功会谈，封他为海澄公，还划出泉州、漳州、惠州、潮州四府为郑军驻地，但因郑成功坚持不剃发会谈未能成功。

厦门鼓浪花屿郑成功雕像
郑成功（1624—1662），福建南安人。清顺治十年（1653），南明永历帝封他为"延平郡王"。荷兰殖民者于1624年侵占了中国台湾。1661年，郑成功率战舰120艘，将士25000余人，誓师东进收复台湾。1662年2月1日，荷兰侵略军被迫投降，被侵占达38年之久的台湾终于重归祖国怀抱

群雄的舞台

收复台湾后几个月，郑成功病逝，其子郑经接班。清朝7次派专使与郑经谈判，许以"八闽王及沿海诸岛"，郑经予以拒绝，宣称"如琉球、朝鲜例，不登岸、不剃发、不易衣冠"，因为"东宁（台湾）远在海外，非属版图之中"。康熙帝对郑经的说法给予严厉的驳斥："朝鲜系从来之外国，郑经乃中国之人，若因居住台湾不行剃发，则归顺的诚意以何为据？"郑以执意不行剃发，和谈破裂。

三藩之乱被平定的那年（1681），康熙接报，郑经死，台湾发生内乱，遂命施琅为福建水师提督，出征台湾。康熙二十二年（1683），台湾归顺清朝。清廷在台湾设置一府三县，总兵官一员，兵8000；澎湖设副将一员，兵2000，隶属于福建省。从此，台湾和大陆再次统一，其行政建制与内地划一。

知 识 窗

满族发式——辫连子

男子梳辫子是古代北方游牧民族常见的一种发式，诸如：契丹、女真、蒙古族等。这种发式一是适合长期骑射生活，骑马穿林，不易刮缠，风吹雨打，不易散乱；二是信奉萨满教的人认为发辫为真魂栖息之所，人在他乡亡故，若无条件将尸体运回，就割下发辫带回故里，俗称"捎小辫"。满族男子直接因袭女真人编发为辫习俗，将头发半剃半留，剃去周围头发，只留颅后发，编成一条大辫子，垂于脑后。

努尔哈赤非常重视这一习俗，凡被他攻占之地，男子发式必须划一，不分老少，一律剃发，并以此区分降与不降之人。清朝定鼎燕京，仍强令汉人剃发，一度曾在全国引起震荡，尤其遭到明末遗老遗少的反对。但剃发之风最后还是遍及全国，致使有清一代男子，不分民族、地域，全部剃发垂辫。这种统一的半剃半留的发式，成了清代男子的发式特征，直到清朝覆灭，这种发式才逐渐消失。

抵抗外敌入侵，稳固东北边疆

蒙古贵族在13世纪建立的金帐汗国（又称钦察汗国），于16世纪初被莫斯科公国、克里木汗国击败。16世纪中叶，伊凡四世建立俄罗斯国家，自称沙皇（源于罗马帝号恺撒）。经过一个世纪的对外扩张，到17世纪中叶，越过外兴安岭，侵入黑龙江流域，攻占了雅克萨城堡和蒙古牧地尼布楚。面临沙俄的侵略，康熙东巡盛京，告谕宁古塔将军将边地各族，进行军事编组，以加强边防。

1681年，三藩之乱刚刚平定，康熙帝再次东巡，做抵抗沙俄的军事部署。命在黑龙江"建城永戍"，加强边防；调达斡尔兵屯田瑷珲；任命骁将萨布素"镇守瑷珲"；为保证军需供应的畅通，又在瑷珲与吉林近700千米之间，设立驿站19处；派户部尚书督造战舰，以便向瑷珲运送粮草军械；命理藩院与户部官员，到索伦与蒙古地区，"督理农务"，征调粮食、马匹和牛羊，作支援战争的准备。

台湾收复的当年（1683），康熙谕理藩院晓谕俄国，"倘执迷不悟，留我边疆，彼时必致天讨，难免诛罚"。1685年春，康熙帝见边防渐固，命清军分水陆两路进攻侵占雅克萨的俄军，以战舰封锁江面，使用大炮攻城。俄军首领托尔布津出城乞降，表示绝不再来雅克萨侵扰。康熙帝命释放俄军俘虏600余人回国，清军撤回瑷珲休整。清军离开后，

康熙五彩瓶

群雄的舞台

尼布楚城

盘踞在尼布楚的俄军返回雅克萨，筑城设防。清军再次进攻雅克萨。俄军首领被清军炮火击毙，800多俄军败死，最后只剩下66人。这时，俄国派出使臣到北京进行边界谈判。

经过谈判，中俄两国于1689年在尼布楚（现俄罗斯涅尔琴斯克）签订边界条约，划定了中俄两国东段边界，肯定了黑龙江和乌苏里江流域包括库页岛在内的广大地区都是中国的领土，制止了沙俄的侵扰，使这一地区和平维持了一百余年。雍正五年（1727），中俄划分中俄中段边界，经勘界后，翌年签订了《恰克图条约》。对此，法国学者加恩评价说："借助于《尼布楚条约》，它（清廷）已经遏止了俄国紧逼黑龙江流域；借助于《恰克图条约》，它又使俄国人远离北京，并且用条约阻止俄国人的进展。"

平定准噶尔，稳定西北

沙俄在雅克萨被清军打败以后，并不甘心，《尼布楚条约》签订后的第二年，唆使准噶尔部首领噶尔丹进攻漠北蒙古。其时，蒙古族分为漠南、漠北和漠西三大部。长城以北，大漠以南称漠南蒙古，漠南蒙古归附清朝较早，被清封为6个盟，下辖51个旗，旗主由清廷指定，称"札萨克"；大漠以北的土谢图、扎萨克图、车臣是漠北蒙古，也叫喀尔喀蒙古，喀尔喀蒙古在清入关前即每年向清贡献"九白之贡"，有臣服关系；天山以北阿尔泰山以西称为厄鲁特蒙古，也称漠西蒙古。

漠西蒙古有四个部落，以游牧于新疆伊犁一带的准噶尔部最强，噶尔丹称汗后，统一了厄鲁特诸部，势力达及青藏地区，与沙俄勾结，妄图割据一方。首先与俄军夹攻喀尔喀蒙古，喀尔喀部南下投奔清朝，清朝在张家口、归化（呼和浩特）一带予以安置。康熙帝派使者让噶尔丹把侵占的地方还给漠北蒙古。噶尔丹自以为有沙俄撑腰，十分骄横，不但不肯退兵，还以追击漠北蒙古为名，大举进犯漠南。

《北征督运图》（局部）

《北征督运图》是多幅画面缀成的图册，绢本。画面内容为康熙三十五年（1696）平定噶尔丹时督运军粮的始末

康熙决定亲征噶尔丹。1690 年，康熙帝分兵两路北征。噶尔丹把几万骑兵集中在大红山下，把上万只骆驼，缚住四脚躺在地上，驼背上加上箱子，用湿毡毯裹住，摆成长长的一个驼城。叛军在箱垛中间射箭放枪，阻止清军进攻。清军用火炮火枪对准驼城的一段集中轰击，驼城被撕开了一个缺口，噶尔丹弃营而逃。

噶尔丹回到漠北，表面向清朝政府表示屈服，暗地里重新招兵买马，还派人到漠南煽动叛乱。扬言他们已经向沙俄政府借到鸟枪兵 6 万，将大举进攻清朝。内蒙古各部亲王纷纷向康熙帝告发。

1696 年，康熙帝第二次亲征，三路大军约定时期夹攻，双方在昭莫多（在今乌兰巴托东南）激战，最后，噶尔丹只带了几十名骑兵脱逃。

《阿玉锡持矛荡寇图卷》，台北故宫博物院藏

图中人物为平定西域勇士阿玉锡。坚毅、勇敢的阿玉锡全身戎装，持矛跃马，杀敌如入无人之境

经过两次大战，噶尔丹集团土崩瓦解，康熙帝要噶尔丹投降，噶尔丹继续顽抗。隔了一年，康熙第三次亲征。噶尔丹的部将、亲信纷纷投降，并愿意做清军向导。噶尔丹走投无路，服毒自杀。从此，清政府在乌里雅苏台设立将军，统辖漠西蒙古部落。

土尔扈特蒙古东归

土尔扈特是厄鲁特蒙古四部之一。17世纪初，准噶尔势力日益强大，企图兼并土尔扈特。1628年，土尔扈特部20余万人被迫向西迁移。他们越过哈萨克草原，渡过乌拉尔河，辗转来到伏尔加河下游地区。当时的伏尔加河下游、里海之滨，尚未被俄国占领。土尔扈特人在这片美丽的土地上劳作生息，创立起游牧部落的封建汗庭，并维持了100多年。

俄国人为了把土尔扈特人的居住地占为己有，想尽办法对土尔扈特汗国进行威胁。遭受俄国重压的土尔扈特部众十分眷念故土，多次派遣使臣向清廷进呈表贡，康熙、雍正、乾隆年间，从未间断过。

强大起来的俄国不断施以重压，迫使土尔扈特俯首称臣，民族危急的关头，土尔扈特首领19岁的渥巴锡认识到，想要彻底摆脱俄国的控制，只有返回祖国。1770年11月，渥巴锡召集部众，慷慨陈词，点燃了土

康熙帝盔甲。康熙帝曾身着这身盔甲亲自率军平定准噶尔部的叛乱

《西域图志》中的土尔扈特

尔扈特人返回祖国的火焰。在渥巴锡进行总动员后的次日凌晨，成千上万的土尔扈特妇孺和老人，乘上早已准备好的马车、骆驼和雪橇，在铁马横刀的骑士们的护卫下，一队接着一队陆续出发，彻底离开了他们寄居了一个半世纪的异乡。

乾隆三十六年（1771）五月二十六日，土尔扈特部历尽艰辛，行程万里，历时八个月，终于在这一天与前来迎接他们回家的清军相遇。清代史料记载："隆冬严寒时节，启程东行，俟至炎夏，方始抵达。沿途又遇战事，其蒙古包、帐房均已丢弃，时常风餐露宿，行至大瀚海，数日不得水，以至于不分水之好坏，见水即饮，犹食倒毙牲畜之肉，腹胀或患病死亡者甚众。即便是未遭穷困饥饿之苦者，亦属勉强到达。"此时，土尔扈特人从出发时的近17万，仅剩6万余人。然而，正是这种不畏艰难万险、举部回归的壮举，深深感动了整个中华民族，各地纷纷捐献物品。清政府也拨专款采办牲畜、皮衣、茶米，接济贫困中的土尔扈特人，帮助他们渡过难关。

乾隆非常重视土尔扈特部的回归,乾隆三十六年九月初八,在木兰围场"行宫召见渥巴锡、策伯克多尔济、舍楞等,赐茶,并赐冠服",以蒙古王公的待遇观围,赐给鞍马等物。

英国作家昆德赛在他的著作《鞑靼人的反叛》一书中曾这样评价:"从最早的历史记录以来,没有一桩伟大的事业,能像土尔扈特人跨越无垠的草原,东返祖国那样轰动世界和激动人心的事。"

《乾隆万树园赐宴图》,意大利郎世宁绘

群雄的舞台

西藏地区统治的建立

康熙五十六年（1717），准噶尔叛军入藏，杀害拥护中央政府的拉藏汗。清军于第二年派兵入藏，用两年时间击溃准噶尔叛军，并派员驻兵，管理前后藏。雍正五年（1727）设驻藏大臣，全称是"钦差驻藏办事大臣"，又称"钦命总理西藏事务大臣"。设正副各一员，副职称"帮办大臣"。驻藏大臣是中央政府派驻西藏地方的行政长官［至宣统三年（1911）、历184年驻藏大臣共83任，计57人。帮办大臣共52任，计49人］。

1750年，西藏的一些反动贵族策划了一场反对清朝中央政府的阴谋，他们企图与新疆准噶尔部勾结，发动叛乱，赶走驻藏大臣和军队。在这次事件中，七世达赖喇嘛与六世班禅大师同清政府同心协力惩处首逆，平息了事端。

1766年，清高宗乾隆皇帝册封六世班禅，赐册、印，并下旨褒奖。

清朝皇帝给五世班禅的诏书

布达拉宫殊胜三界殿内清康熙皇帝牌位。这是由七世达赖喇嘛请奉的长生牌位,上面用藏、汉、满、蒙四种文字镌刻着"当今皇帝万岁万万岁"的金字

此时英帝国已开始觊觎西藏。1774年,英驻印度总督哈斯汀派遣英国人波格尔到日喀则晤见六世班禅大师,提出"自由通商"、在拉萨设立使馆等无理要求。六世班禅大师正告波格尔,西藏属中国领土,一切须听命于中国皇帝,波格尔一无所获,悻悻而归。

乾隆五十八年(1793),清廷颁布《钦定西藏章程》,规定由"驻藏大臣"主办西藏事务,地位与达赖、班禅相等;地方官吏归驻藏大臣管辖,并会同达赖喇嘛一同任命地方官吏;达赖、班禅"转世"时,抽签须有驻藏大臣在场,呈中央批准方为有效。这说明清廷对西藏的统治与管理进一步制度化和法律化。

六世班禅给清政府的奏书（藏文版）及印文

乾隆五十九年（1794），清廷派员经实地勘界后，划清了西藏与西南邻国的疆界，明确了领土主权。

清王朝对西藏的有效管辖，也为西藏达赖与班禅抵制外国对西藏的侵略提供了法律支持。

总之，清军入关以后，在抗击外来势力和与周边国家的交涉过程中，认识到边防建设与国家安危息息相关；并采取了划疆分界，重要关卡设兵防守等措施，形成了对领土疆域较为严密的防卫制度，这一点是前所未有的。在维护国家领土完整和边界安全的同时，对黑龙江流域、蒙古地区、新疆、西藏、台湾和南海诸岛实施了有效的管辖与统治，通过平定叛乱、治理边疆，不仅使国家政权得以巩固，社会得以安定，边疆也得以治理，形成了大一统的局面。清代还特别注重行政区划，乾隆时除设立本部十八行省（内地），

清中央颁给八世达赖喇嘛之金印

还设顺天府、盛京、内蒙古、青海、蒙古、喀尔喀蒙古、西藏、新疆等藩部,包括多个民族,北至恰克图,南到海南岛诸岛,西至葱岭、东至库页岛外兴安岭,形成了一个幅员广阔、区划明确的多民族统一国家。

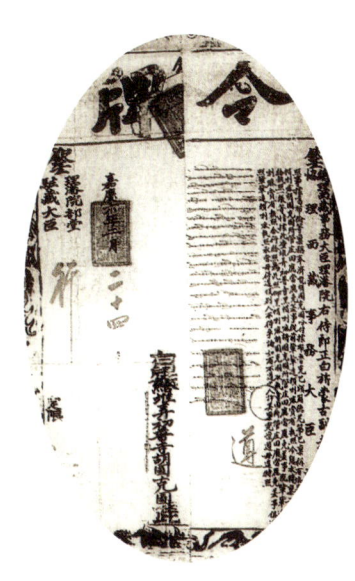

清嘉庆六年(1801)驻藏大臣令牌

清朝乾隆帝颁布的"钦定藏内善后章程二十九条"文书

清代国家统一和团结的象征：承德外八庙

准噶尔部的叛乱，引起清王朝的极大忧虑和不安。清朝入主中原，蒙古八旗功不可没。清初，顺治、康熙两朝主要以满蒙联合的体制来维系对全国的统治。清朝立国才几十年，联盟就出现了裂痕，不能不让康熙帝忧虑。为巩固满蒙政治联盟，富有创新意识的康熙除了用兵强征外，还采取了诸如推行喇嘛教、四处巡幸、年班、围班、朝觐等"软措施"，加强对蒙古的联系和管理。

这些攻心性质的"软措施"在当时收到了远比武力镇压好得多的效果，清代也为此做出了相当大的努力。今天，人们通过承德外八庙的建筑规模、建筑风格、建筑布局等还可以清楚地看到当年建造者的良苦用心。

承德避暑山庄"外八庙"，是清代修建的一个规模庞大的寺庙群，凝聚了满、汉、蒙、藏、维等多民族建筑风格和艺

术之长。它们分布在承德避暑山庄外东面和北面,气势磅礴,众星拱月般围绕着避暑山庄。说是"外八庙",实际共有11座寺院。因其中8座有朝廷派驻喇嘛,享有"俸银",且在京师之外,故称外八庙。外八庙像一颗颗星星环避暑山庄而建,呈烘云托月之势,象征着边疆各族人民和清中央政权的关系,并反映了多民族国家统一、巩固和发展的历史进程。

从每座庙的建筑起因到建筑的使用功能,从建筑外观风格的设定到内部的具体结构和所存文物,都无不与国家统一和民族团结相关。

普宁寺

乾隆十八年(1753),厄鲁特蒙古准噶尔部首领达瓦齐挑起民族动乱。乾隆二十年(1755)二月,清政府派兵5万分两路直进伊犁,经过著名的格登山大战,达瓦齐全军覆没,达瓦齐被维吾尔族台吉霍吉斯生擒。平定西北大胜之后,乾隆十分得意,因为历经康、雍、乾三朝的准噶尔问题,终于在此朝得到解决。达瓦齐后来被解送北京,乾隆将其特赦,还"封以亲王,赐宝禅寺街,择诚隐郡王孙女配之"。达瓦齐随同乾隆赴木兰围场,享受蒙古王公围班的待遇。在承德避暑山庄大宴厄鲁特四部上层贵族,并分别封以汗王、贝勒、贝子等爵位。为纪念平准胜利和此次盛大集会,乾隆仿效康熙解决喀尔喀蒙古后,在多伦诺尔修建"汇宗寺"、"以一众志"的做法,"式循旧章",修建寺庙,尊重蒙古民族信奉藏传佛教的习惯,于乾隆二十年仿西藏三摩耶庙修建了普宁寺,取人民"安其居,乐其业,永永普宁"之意。

普宁寺于乾隆二十四年(1759)竣工,历时4年。占地面积33000平方米,是一座大规模的藏传佛教寺庙。位于避

世界上现存最大的金漆木雕佛像——"千手千眼观世音菩萨"

暑山庄东北武烈河畔，居于12座寺庙中间，金碧辉煌，宏伟壮观。普宁寺建筑风格独特，它吸收并融合了汉地佛教寺院和藏传佛教寺院的建筑格局，平面布局分前后两部分，四进院落，以金刚墙为界，南半部为汉地寺庙的"七堂伽蓝"式布局：中轴线上依次分布着山门、天王殿、大雄宝殿等殿堂；两侧为钟鼓楼和东西配殿，南北长150米，宽70米。北半部为藏式寺庙建筑：以大乘阁为中心，周围环列着许多藏式碉房建筑物——红台、白台以及4座白色喇嘛塔。主体建筑贯穿于中轴线上，呈纵深式对称格局。主要

相关链接

42只手为何说千手千眼佛？

承德普宁寺供奉的大佛，除去正中合十的双手外，大佛共有40只手，每只手手心各有一只眼睛，明明是40只手和40只眼睛为什么称为千手千眼呢？原来，佛教的千手千眼佛的造像，共有两种形式，一种是实具1000只手眼的形象；另一种就是40只手眼的形象。按照佛教的说法，这40只手和眼睛各配以"二十五有"。所谓"二十五有"就是佛教中的25种因果报应。25乘以40，便是千手千眼了。它的含义是观世音菩萨的手多、眼多、智慧多、有求必应。

建筑设施29所，巨型碑刻3方，大小佛像10156尊。

  普宁寺，俗称大佛寺，因37米高的大乘之阁内，供奉着金漆木雕佛像——"千手千眼观世音菩萨"。此佛像高23.51米，腰围15米，重约110吨，仅头部重就达5.4吨，约用木料125立方米，分别采用松、柏、榆、杉等不同木材制成，是目前世界上最大的木雕佛像，已载入吉尼斯世界纪录。佛像比例匀称，纹饰细腻，宝相庄严。大佛共有42只手臂，除去合掌的双手外，其余40只手都持有法器。

普宁寺

普乐寺

普乐寺与安远庙南北相峙，正面隔河遥对避暑山庄永佑寺舍利塔，背面中轴线隔山直指磬锤峰。东西长 195 米，南北宽 93 米，占地约 2 公顷（20000 平方米）。该庙为汉式格局，前半部承袭伽蓝殿堂，后半部融进藏式风格，主体建筑仿北京天坛祈年殿，在外八庙寺庙群中独具一格。

普乐寺取名与普宁寺、安远庙属于同一个思想脉络，"自西人之濒于涂炭也，湫隘阽危，不能终日，朕则为之求宁焉。既宁之后，奔奏偕徕，室家还定，朕则为之计安焉。既宁且安，其乐斯在。"

清政府平息达瓦奇、阿睦尔撒纳叛乱以后，西北边境地区多年分裂混战的局面得以解决，巴尔喀什湖附近的哈萨克

普乐寺

普乐寺旭光阁内的木制贴金龙凤藻井

族和葱岭以北的布鲁特族相继归顺清朝。据乾隆御题"普乐寺碑记"记载,乾隆当时考虑到平定准噶尔叛乱之后,朝廷为厄鲁特蒙古建造了普宁寺;伊犁达什达瓦族迁移热河之后,为他们建造了安远庙。同理,也应当为新归附的哈萨克族、布鲁特族建造寺庙,为他们的首领来热河聚会提供场所。故于乾隆三十一年(1766)依据漠南章嘉活佛提供的意见建造了普乐寺。

乾隆修建普乐寺,是因为蒙古诸部素信佛教,所以采取"因其教,不易其俗"的办法。修建普乐寺的宗旨是"且每岁山庄秋巡,内外札萨克觐光以来者肩摩踵接,而新附之都尔伯特及左右哈萨克,东西布鲁特,亦宜有以遂其仰瞻"。普乐寺旭光阁为喇嘛教修法的道场,是蒙古人非常崇拜的地方,而信奉伊斯兰教的哈萨克和布鲁特首领来普乐寺只是让他们"仰瞻",并非要他们改变原来的信仰;是以普乐寺的宏伟建筑艺术,使其产生肃然起敬之心,以达到"俾满所欲,无二心焉"。

普陀宗乘之庙

普陀宗乘之庙，是外八庙中最大的一处藏式寺庙建筑群，是在汉族传统建筑的基础上融合藏族建筑特点建造的，它是汉藏建筑艺术交融的典范。

普陀宗乘之庙修建于乾隆三十六年（1771），全部工程用了 4 年时间，占地 22 万平方米。西藏拉萨的布达拉宫是所有喇嘛教信奉者的朝圣之地，所以乾隆借用自己六旬庆典和次年是皇太后八旬圣寿的时机仿布达拉宫修建了普陀宗乘之庙。使"旧隶蒙古喀尔喀、青海王公台吉等，暨新附准部，回城众蕃长连轸偕徕，胪欢祝嘏"的时候，既可为前来朝觐的蒙古人提

从避暑山庄看到的普陀宗乘之庙景观

普陀宗乘之庙是藏语"布达拉"的意译，故此庙亦称布达拉宫，因其规模比西藏布达拉宫小，俗称小布达拉宫

供一礼佛之处，也可以借机使其亲睹大清王朝的国威。

此庙落成之际，正值土尔扈特部首领渥巴锡率部东归，到承德避暑山庄朝见，乾隆皇帝非常高兴，在庙内的万法归一殿，为土尔扈特部首领渥巴锡一行，举行了隆重的宗教欢迎仪式。

直到今天，一进山门，即可见碑亭一座，亭中有《御制普陀宗乘之庙碑记》、《御制土尔扈特全部归顺记》和《优恤土尔扈特部众记》3块巨型石碑。乾隆撰写的两篇有关土尔扈特蒙古的碑文，用满、汉、蒙、藏四种文字镌刻在碑身四面，今犹清晰可读。碑文记述了土尔扈特蒙古在远离祖国、流落异乡140多年之后，于乾隆三十六年自伏尔加河下游重返祖国的过程。如"俄罗斯征调师旅不息，近且征其子入质，而俄罗斯又属别教，非黄教，故与合族台吉密谋，挈全部投中国兴黄教之处"。

土尔扈特蒙古的回归，是清王朝对蒙古政策的最后一个高潮，至此，蒙古诸部得到有效的管理。

近观普陀宗乘之庙

须弥福寿之庙

1779年,西藏政教领袖班禅额尔德尼六世请求从西藏来承德朝觐乾隆,并为其70寿辰庆贺。乾隆对于六世班禅的到来,十分重视,从住宿到讲经传法之所都做了安排。乾隆回忆,大清朝定都北京后,五世达赖即进京朝觐,现在,六世班禅又要不远万里东来。自五世达赖第一次进京到现在,时间已过百年,百年之间,中央政府和各民族的关系已发生了巨大变化。先是喀尔喀谋反,接着,漠西厄鲁特部的准噶尔叛乱,现在都已经"重熙休和,喀尔喀久为世臣,厄鲁特亦无不归顺",而此时,笃信喇嘛教的蒙古诸部,"一闻班禅额尔德尼之来,其欢欣舞蹈,欲执

须弥福寿之庙

役供奉"。乾隆抓住六世班禅到来之际，采取"敬一人而千万悦"的办法，不惜重金修建须弥福寿之庙。仅寺庙中六世班禅讲经的"妙高庄严"殿和住宿楼"吉祥法喜"殿两处镏金铜顶，就用黄金15429两。乾隆优礼班禅罗桑贝丹益西，有感情因素，年过半百的六世班禅跋涉万余千米，东来祝寿，其情感人。但更重要的目的，首先是为了加强对西藏地方政权的管理，其次，为了进一步治理蒙古诸部。

承德外八庙在清代前期的特定历史条件下，为安定祖国边陲，为加强统一的多民族国家的巩固与发展，起到了重要的作用。

群雄的舞台

康熙与郎世宁

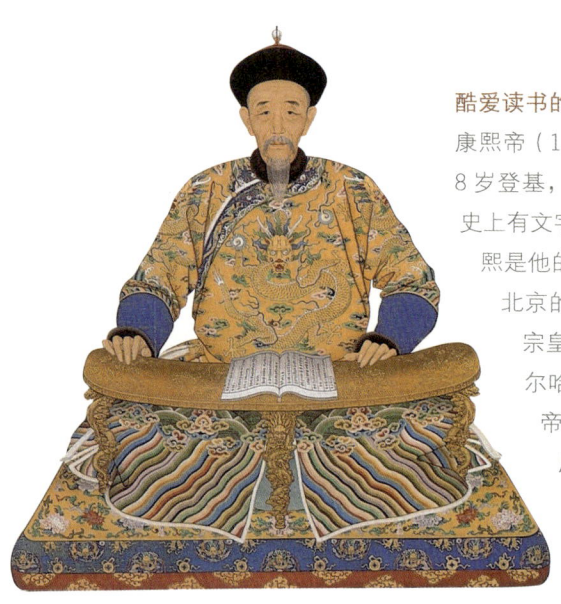

酷爱读书的天子

康熙帝（1654—1722），即爱新觉罗·玄烨。8岁登基，在位61年，享年69岁，是中国历史上有文字记载以来在位时间最长的君主。康熙是他的年号。康熙出身显赫，父亲是定都北京的顺治皇帝，祖父是建立大清的清太宗皇太极，曾祖父是建立后金政权的努尔哈赤；儿子是历史上最勤政的雍正皇帝，孙子是历史上最长寿的乾隆皇帝。康熙承上启下，地位十分重要。他统治中国的一甲子中，是中国最强大的时期之一，万国来朝，国威远播。

康熙是中国历史上在位时间较长的君主之一，他在位之初，国家外有重患，内有沉疴；他离位之时，已入"康乾盛世"，经济上中国成为当时世界上最发达强盛的国家之一。

康熙一生为多民族国家的统一和发展做出了重大的贡献。如前面提到的削藩治乱，巩固江山一统；在台湾开府设县，派员驻军，加强中央对台湾的管辖；抵御沙俄东侵，签订条约，划定中俄东段边界，稳固东北边；3次亲征准噶尔，以武平叛，稳定大西北；移天缩地，兴建避暑山庄，以文安近抚远，巩固满蒙联盟；停止清初圈地，招徕流民垦荒，兴修水利，发展农业生产；兴文重教，主持纂修《古今图书集成》、《全唐诗》、《清文鉴》等。

开疆拓土、平叛安邦、兴修水利、兴文重教，历代有点作为的皇帝都是如此，只是有的做得好一些，有的差一些。从主观上说，多数皇帝都在这几方面很下功夫。但有一点，历史上的皇帝很少有做到的，做得好的就更是凤毛麟角，这就是对于西学的吸纳和对科学技术的重视。

明朝后期开始，西方耶稣会士陆续来到中国。康熙二十七年（1688），康熙帝在乾清宫召见了欧洲耶稣会派来的6位法国科学家，受纳了他们带来的几十件科技仪器。这样的见面礼，使康熙龙颜大悦，当即聘他们担任自己的科学顾问。康熙不论对中国的传统文化还是对西学，不论对中国人还是对外国人，都没有任何偏见。他的这种对待各种文化、不同种族的平等心态，来自其海纳百川的博大胸怀和追求真理的科学态度。

当时一位叫白晋的法国科学家，曾教授康熙西方科学，1698年，他在巴黎出版的一本《中国皇帝康熙传》中记述：康熙带着极大的兴趣学习西方科学，每天都要花几个小时同我们在一起，白天和晚上还要用更多的时间自学。他不喜欢娇生惯养和游手好闲，常常是起早贪黑。尽管我们谨慎地早早就来到宫中，但他还是经常在我们到达之前就准备好了，他急于向我们请教他已经做过的一些习题，或者是向我们提出一些新的问题……

康熙皇帝是一位学习型的皇帝，他不仅对中国传统文化感兴趣，对西方科技、绘画也感兴趣。1715年，一艘抵达广

州的贸易船上搭载了7名传教士,当地政府奏报康熙皇帝,皇帝命有科技才能的传教士留下进京,其他人返回。这留下的人中,就有一位是画家。不久这位画家奉旨前往北京,觐见康熙皇帝。康熙见到他的绘画才能,十分欣赏,便命他学习中国画,并不时入宫作画。这一画,就是50年,期间经历了康、雍、乾三朝。这位画家就是历史上广为人知的郎世宁。

郎世宁,原名朱塞佩·伽斯底里奥内(Giuseppe Castiglione),1688年生于意大利米兰。年轻时接受过良好的绘画基本功训练。后加入热那亚耶稣会。那时欧洲知识分子对中国文化极为向往,年甫弱冠的朱塞佩·伽斯底里奥内就请求该会派他前往中国。26岁那年,启程来华,次年(1715)抵达澳门。按当时来华传教士取汉名的习惯,朱塞佩·伽斯底里奥内取名为郎世宁。郎世宁7月抵中国,11月即获康熙皇帝召见。康熙虽然不赞成郎世宁所信仰的宗教,却把他当

作一位艺术家看待,甚为礼遇。康熙对他说:"西方的教义违反中国正统思想,只因为传教士懂得数学基本原理,国家才予以聘用。"他又表示诧异道:"你怎么能老是关怀你尚未进入的未来世界而漠视现实的世界?其实万物是各得其时的。"旋即派郎世宁为宫廷画师。

传教士们来到中国,他们带着西方的科学、艺术觐见中国的皇帝。后来,

《百骏图》(局部),意大利郎世宁绘。绢本,设色画,纵94.5厘米,横776.2厘米

本幅画姿态各异的骏马百匹,马匹或卧或立,或嬉戏,或觅食,自由舒闲,聚散不一;在具体的表现手法上,郎世宁发挥了西洋画法中常应用的前重后轻、前实后虚、前大后小等写景方法,使画面产生空旷深远的景界。全幅色彩浓丽,构图繁复,形象逼真。郎氏擅以中国传统绘画技法加入西洋光影透视法及西画颜料,以显示中西趣味兼容并蓄的画面。此图绘于雍正六年(1728),堪称郎氏早期典型代表作品之一

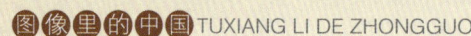

群雄的舞台

《乾隆朝服像》，北京故宫博物院藏

图中乾隆帝身着全套朝服，端坐在龙椅上，华丽富贵，神态肃穆。用笔一丝不苟，细密工致。脸部及龙袍皆用西洋画法，龙座地毯的描绘已初具焦点透视，技法却仍用中国传统勾填画法，为中西合璧之作，和谐统一。画幅背面有"乾隆元年正月"六字，说明此画为弘历25岁时肖像

《乾隆孝贤皇后像》

孝贤纯皇后，富察氏，满洲镶黄旗人，乾隆原配皇后。乾隆十三年（1748）随驾东巡，死于返回途中，时年36岁。风流乾隆仅正式后妃就有41个，有意思的是，郎世宁绘制的至少10多位乾隆后妃的画像上，她们竟长得让人一时分不出谁是谁。《乾隆孝贤皇后像》精工的笔法和富丽的设色，使观者觉得人物的立体感和衣服的质感都很足，皇后气质尊贵贤淑庄重，面容美丽并透出些微的性感

传教的初衷渐渐被中国人忽略，反而是他们带来的那些文化对中国产生了广泛的影响。

郎世宁在担任宫廷画家期间，奉皇帝之命画有众多的作品，内容包括人物肖像、历史事件和花鸟走兽等，成为中国皇帝所倚重的宫廷画师之一。郎世宁不但自己绘制了大量画幅，还将欧洲的绘画技法传授给中国的宫廷画家，使得清代的宫廷绘画带有"中西合璧"的特色，呈现出既不同于历代宫廷绘画，又不同于文人绘画和民间绘画的新颖面貌。郎世宁曾经为皇帝和后妃画过不少的肖像，他在保持欧洲绘画注重人物解剖结构长处的同时，又适当地吸取了传统中国"写真"技艺的表现手法，所画人物均取正面光照，完全摒弃了欧洲绘画中侧面光照所产生的阴影，同时减弱光线的亮度，使人物面部五官都清晰地显现出来。

在古代中国，为帝王画像是相当严肃的事情，许多画家因为画得不合皇帝心意而掉了脑袋。郎世宁是在欧洲接受的绘画基本功训练，既有西画写实技艺之精妙，又吸收了中国传统的写真绘像之长，他的逼真的肖像画与好大喜功的

《平定伊犁回部战图·凯宴成功诸将士》

《秋林群鹿图》，意大利郎世宁绘

此画是郎世宁以鹿为题隐喻乾隆的佳作。满族人向以"九"为贵、为尊。画中描绘九头鹿（一只公鹿、八只母鹿）在黄昏下的秋林松石间静伫、觅食、求偶的景象。画中的公鹿被树荫下卧着的母鹿吸引。动物间自然生态的流露，影射了正待选妃的乾隆可能某天偶经宫闱，被嫔妃吸引的场景

乾隆皇帝的兴趣两相吻合，便产生了众多的宫廷肖像画作品。正是由于乾隆皇帝对郎世宁肖像画的赏识，所以乾隆前期皇帝的御容和后妃的肖像，绝大多数都出自郎世宁之手。

记录重大历史事件的绘画，在郎世宁绘画中占有相当重要的分量，是历史价值、文物价值和艺术价值兼有的佳作。康、雍、乾时期，为平定西北蒙古族和回族各部的不时叛乱，清廷恩威并施，终于在乾隆中期取得决定性胜利。乾隆命令中外宫廷画家创作了记录其间时战时和的历史图卷，郎世宁主绘了《万树园赐宴图》《乾隆观马术图》《丛薄行诗意图》《平定伊犁回部战图》《平定西域战图》等壮丽史诗般的画卷。《乾隆观马术图》和《万树园赐宴图》等的构图没有采用将皇帝置于画幅中心和画得比其他人高大的中国传统画法。

从乾隆二十七年（1762）开始，郎世宁和宫廷画师一起为铜版组画《乾隆平定准部回部战图》绘制图稿。这套16幅的图稿后来送往法国巴黎镌刻成铜版印刷，成为宫廷艺术的珍品之一。铜版画草稿主要是由郎世宁负责，他还用拉丁文和法文写了具体说明。遗憾的是当这套铜版组画竣工从法国运回中国时，郎世宁已经因病去世了。后来清朝宫廷仿照《乾隆平定准部回部战图》绘刻了一系列表现征战场面的铜版组画，这些画幅是

由清宫内供职的中国画家制作的，它们成为中国最早的铜版画作品，其中郎世宁的开创之功不可没。

郎世宁在清朝画坛上还以画马、鹿闻名，他运用中国的毛笔，以细小的短线，来表现马匹皮毛、鹿毛的质感，而与传统的中国绘画风格迥异，深得当时皇帝的喜爱。郎世宁画鹿、马的作品存世的有《秋林群鹿图》、《十骏马图》横幅、《百骏图》卷、《八骏图》卷、《双骏图》横幅等。

乾隆三十一年（1766），郎世宁在他78周岁生日的前3天，病逝于北京，其遗骸安葬在北京城西欧洲传教士墓地内。乾隆皇帝对于郎世宁的去世甚为关切，特地下旨为其料理丧事。郎世宁的墓碑上刻着皇帝旨谕："西洋人郎世宁自康熙年间入值内廷，颇著勤慎，曾赏给三品顶戴。今患病溘逝，念其行走年久，齿近八旬，著照戴进贤之例，加恩给予侍郎衔，并赏给内务府银三百两料理丧事，以示优恤。钦此。"

郎世宁在中国生活了51年。由于郎世宁的一生几乎都是在中国度过的，他的艺术创作也都以中国的人和事为题材，所以郎世宁的生平和艺术，已经成为中国美术史的一个组成部分。

《八骏图》，意大利郎世宁绘

据史书记载，雍正元年（1723）八月的某天，雍正帝在乾清宫西暖阁对王公大臣及文武官员宣布一道谕旨："今朕诸子尚幼，建储一事，必须审慎，此时安可举行……不得不预为之计。今朕特将此事亲写密封，藏于匣内，置之乾清宫正中世祖章皇帝御书'正大光明'匾额之后，乃宫中最高之处，以备不虞，诸王大臣咸宜知之"

乾隆皇帝

在清朝近300年的历史中，共有12个皇帝，其中努尔哈赤、皇太极、康熙、雍正、乾隆被学术界认为是比较杰出的。特别是康熙和乾隆，也包括雍正，这3个皇帝共统治中国130年，在这130年中，中国经济繁荣的程度、社会安定的程度、文化昌盛的程度、民族团结的程度、边疆稳固的程度都在几代人不间断奋斗的基础上达到极致。

清代前3个皇帝主要是统一建州女真、统一满洲、统一中原；康熙主要是平叛，巩固统一；雍正朝继其后，继往开来，继续把清朝推向前进。乾隆是一个集大成的皇帝，将前几代皇帝开创的清王朝推向鼎盛。当然，也有人说乾隆朝是"夕阳无限好，只是近黄昏"，是落日余晖。

乾隆是雍正皇帝的第四个儿子，自小甚得其祖父康熙喜

相关链接

清朝的秘密建储制度

雍正帝以前，清朝没有明确的传位制度，也不实行汉族的立长制。所以在努尔哈赤和康熙死后，两次引起皇位之争。雍正帝即位后，吸取历代预立太子发生的皇子、后妃之间为争储位骨肉相残的教训，建立了一种新的传位制度，这就是历史上所称的"秘密建储"制度。其方法是，皇帝亲书立储谕旨一式两份，一份封藏于乾清宫"正大光明"匾额之后，另一份由皇帝保存。待老皇帝"归天"，大臣们将两份谕旨取出，对证无误后，新皇帝究为何人才公布天下。雍正帝就是用这种新的秘密建储制度立皇四子弘历为太子的。乾隆、嘉庆、道光均以此法建储。咸丰帝只有一子，无须立储；同治帝、光绪帝均无子嗣，无储可立，因而雍正帝创立的秘密建储制度只行三朝。

爱，在雍正即位当年，就被以"秘建皇储"的方式确立为继承人。1735年，头一天还在处理公务的雍正帝，第二天暴崩，24岁的乾隆顺利继承皇位。乾隆自幼得两代皇帝之宠，在雍正呵护和精心安排下，没受到任何挫折就登上了皇位。

和清代其他皇帝相比，乾隆数十年皇帝生涯几乎和他登大位时一样顺利。这与他一生善于总结不无关系。一事结束，一段历史终结，或著文，或赋诗，或立碑，总把思之所得记录下来，传播开去。即位50年时，他总结自己当皇帝生涯时说，他50年来一共做了两件大事：一件是"西师"，另一件是"南巡"。这两件事既关涉国家政治，又关涉国家经济命脉；既关涉国家统一，又关涉民族团结。一件是"武"事，一件是"文"事，作为一国之君，文武两件事都做好了，何愁国家不能长治久安呢？看似是对自己所做事情的概括，实则是对自己含蓄的颂扬。

中国自古以来就是一个由汉族聚居的中原地区与少数民族散居的边疆地

区共同组成的多民族国家,这二者之间存在着天然的互补和依赖关系。但有的当国者或执掌一方的地区领导人认识不到二者是合则两利、分则两伤,一荣俱荣、一损俱损的关系,这就需要一条政治纽带,去沟通、去维系。在历朝历代的统治者中,康雍乾时代的英主们做得算比较好的,他们创造性地做成了一端是"西师"、一端是"南巡"的政治纽带。北凭蒙古这个能征善战且忠实可靠的盟友,挟政治之优势,以北制南,镇抚人口占全国百分之九十以上、文化优越的汉族;南依汉族中原地区源源不尽的人力、物力、财力和思想文化力,用兵西北,以武力平定准噶尔的叛乱、西藏的动乱,使多民族国家在统一中不断发展壮大。

《弘历哨鹿图》(局部)

《乾隆皇帝大阅戎装像》，意大利郎世宁绘

崇尚武功，是清朝初期的传统，当时确立了大阅、行围制度，作为倡导骑射之风的措施，皇太极始定大阅制度。顺治时确定每三年举行大检阅典礼，由皇帝全面检阅王朝的军事装备和军队武功技艺。自康熙二十一年（1682）起，康熙皇帝每年都用田猎组织几次大规模的军事演习，以训练军队的实战本领。清朝皇帝和宗室大臣，凡参加这种活动的，也都要穿盔甲。乾隆皇帝所穿之甲胄，尤为精美华贵，从而也反映出"康乾盛世"之繁华，国力之强盛

"西师"：二征西北

　　"西师"，是指乾隆二十年至二十三年两次进军伊犁，最后平定准噶尔蒙古的战争。"西师"的锋芒具体指向是一个部落的叛乱，而宏观的战略意图则在于整个西北边疆的稳定。

　　西北边疆最不稳定的因素是蒙古准噶尔部的叛乱，人数虽然不多，却整整困扰了康、雍、乾三代皇帝。康熙时三次亲征，准噶尔部首领噶尔丹兵败死于青海，西北稳定了一段时间；雍正朝13年，几乎都是在备战与应战中度过的；乾隆十五年（1750）准噶尔部发生内讧，数以万计的准噶尔部落成员南迁，乾隆抓住这个时机，彻底解决康熙和雍正都没有解决好的问题。

　　乾隆二十年（1755）二月，乾隆挥师向西北进发，"西师"拉开了帷幕。准噶尔各部落望风归附，平准大军几乎没

群雄的舞台

乾隆皇帝盔
乾隆皇帝在带兵打仗或举行大检阅礼时头上所戴的帽盔

有遇到什么抵抗，就进入伊犁。准噶尔汗窜往天山南路回部地区，不久被擒回。清军几乎兵不血刃克定伊犁，乾隆慨然兴叹："朕筹办之初，亦未敢遽信大功计日可就。"于是大封有功之臣，赏阿睦尔撒纳亲王双俸（双亲王）。不久，阿睦尔撒纳又煽动叛乱，乾隆帝大为震怒，密谕清军将领："尽行剿灭。"阿睦尔撒纳在清军追剿下，渡额尔齐斯河逃往俄国，不久病死。

乾隆二十三年正月，乾隆命晓谕全国臣民，平定准噶尔大功告成。

康、雍、乾三朝坚持国家"大一统"，针对西北地区准噶尔部屡次兴兵叛乱，清朝坚决反对分裂，对民族分裂分子实行坚决镇压，对受胁迫的其他成员实行安抚怀柔的区别政策，战战和和，历时70余年，以重大的代价，赢得了最后胜利，"边患"消除，边疆得安，包括青海、新疆等地及西藏问题宣告解决。

"南巡":六下江南

康熙在位期间六次南巡,乾隆处处效法祖父,同样也六次南巡。"南巡",不是一般意义上的到南方走一走、看一看,而是有着深刻政治蕴含的活动。"南巡"的"南",不是指南方,而是特指江浙两省。南巡江浙,如同用兵西北,西北是当时国家安危之所系,民族团结之关键;在康熙和乾隆眼里,江浙的地位并不次于西北。因为江浙是清代的粮仓,是汉族知识分子的摇篮。要保证国家的安定,除了维护边疆的安全,还要保证百姓饭碗不空;除了掌握国家经济命脉,还要使汉族知识分子"心服"。这样,产粮最多的地区,文人最多的地区,不能不受到重视。

中国古代政治、经济、文化重心最早是在北方的黄河流域,但经过西晋的永嘉之乱、唐朝中期的安史之乱以及辽、金武力征服北方等,北方变成了硝烟不灭的战场。为了躲避

《姑苏繁华图》,此图描绘的是清代乾隆年间江南苏州城及近郊的繁荣景象

《康熙南巡图》

战乱，士人阶层、商人阶层，包括在长期战乱中失去土地、房屋、耕畜的农民，纷纷南迁。全国的经济中心渐渐南移到以江浙为中心的江南地区。江浙两省虽然面积不大，人口也不是特别多，但有清一代，两省上交的赋银占全国总数的20.8%，赋粮占全国赋银总数的30%；盐课银占全国盐课银总数的68%；关税占全国税额总数的一半。江浙地区富甲天下，是清政府财政命脉之所系。

北方士人举族南渡，自然也把底蕴深厚的北方文化带到了江南。北方的文人在江南优裕的物质生活滋养下，更把华夏文明推向了新高度。清代，江浙人文茂盛，是全国文化最发达地区，江浙才子、学者，数倍、数十倍于其他省份。有学者统计，仅以科举而言，从顺治三年（1646）到乾隆六十年（1795）的150年里，江浙两省出了51位状元，占全国状

> **知 识 窗**
>
> **北四阁南三阁**
>
> 《四库全书》在编纂的过程中,乾隆皇帝便开始筹划成书的收藏。他首先下令建北方四阁。文渊阁、文源阁、文津阁、文溯阁分建于北京皇宫、北京圆明园、承德避暑山庄和沈阳故宫。
>
> 北方四阁编成后,又下令再抄写3份,分藏于扬州文汇阁、镇江金山文宗阁和杭州西湖行宫文澜阁。

元总数87%;出了38位榜眼,占榜眼总数62%;出了47位探花,占探花总数77%。这显然是江浙有雄厚的文化实力的体现,同时也可以知晓,清代官场江浙人居多,因为科举之下,中举就是入仕。

江浙是清代的"粮源"、"财源"、"才源",也是"官源"。

没有江苏、浙江这两个省巨大的财政收入和士人的支持,清王朝统治难以巩固。牢固控制住江浙,充分利用江浙的财力、人力和物力,来发展其"盛世",这大概是乾隆六下江南的根本原因。

正因为如此,《四库全书》修成后,乾隆下旨增抄3部,颁发江浙地区收藏,供江南士子阅读传抄。《四库全书》总共修成7部,全国建七阁收藏:北四阁,南三阁。南三阁尽在江浙。

乾隆帝自乾隆十六年至四十九年的33年间曾六次巡幸江南,每次一般都要到江宁(南京)、苏州、杭州、扬州。六下江南所经之地和所做之事,虽然不尽相同,但大体上包括以下几个方面,即观民察吏,培植士类,加恩缙绅,巡视河工,蠲赋恩赏,阅兵祭陵。

南巡期间,乾隆在礼遇致仕大臣和"培养士类"方面做了大量工作。乾隆对所到之地的地方官员亲自进行考核,包括赋闲在家的老臣、"罪臣",经过考察,重新起用或擢用了一些因小过或一时不顺上意,而被降被革职在家,但有能力、政绩突出的大臣。在"培植士类"方面,主要采取了两项措施,一是增加生员名额。因江南考中状元数历年都占全国的一半以上,而朝廷给

群雄的舞台

清代珐琅彩瓶

各省的生员名额却基本平均分配，乾隆认为这样对江南学子是不公平的，对国家选人也没有好处。二是考试敬献诗赋的士子。乾隆亲自出试题，发现了一批人才，有的日后成为政界能臣，有的成为学界泰斗。如第一次取中的江南才子钱大昕，后成为清代经史权威、学界泰斗；谢墉历任内阁学士、殿试读卷官、吏部侍郎、《四库全书》馆总阅。

南巡期间，乾隆还在苏州、杭州、江宁、嘉兴等地多次阅兵，检阅军队操练。另外，他还游遍江南名胜，观古赏景，题字留念。

乾隆自己说，他六巡江南的一个主要任务是视察河工海防。江南河流遍布，雨水充沛，既造就了鱼米之乡，也常使江南变成一片汪洋。在乾隆写的御制《万寿重宁寺碑记》和《南巡记》里讲，"南巡之事，莫大于河工"，"六巡江浙，计民生之最要，莫如河工海防"，"临幸江浙，原因厪念河工海塘，亲临阅视"。这些话并非空谈，粉饰自我。乾隆时期河工兴修规模之大，投入财力物力人力之巨，兴修时间之长，在封建帝王中极其少见。乾隆每年拿出"岁出"总额的十分之一，作为江南河工固定的"岁修费"。据《清高宗实录》记载，南巡期间，乾隆对黄河、淮河的河工及浙江、江苏的海塘，下达了数以百计的上谕，动用了几千万两帑银，完成了多项工程，这对减少江南洪涝灾害，保护百姓生命财产安全，无疑起了不能抹杀的作用。

乾隆通过六次南巡,了解了江南的官风民情、地质灾害和民间苦痛,纠正了一些错案、重案,培植起一些士子,又大力治理河道,防洪筑坝,这都有利于国家政策的调整,也有利于地方经济的发展。但从另一个角度看,乾隆好大喜功,每次南巡,历时100多天,随从3000多名,用马6000余匹,用船400多艘,用银百万余两,加重了国家的财政负担,也给民间带来了骚扰。乾隆晚年,对此也有明确认识,他曾对一军机章京说:"六次南巡,劳民伤财……将来皇帝南巡,而汝不阻止,必无以对朕。"

《乾隆南巡图》,清宫廷画家绘

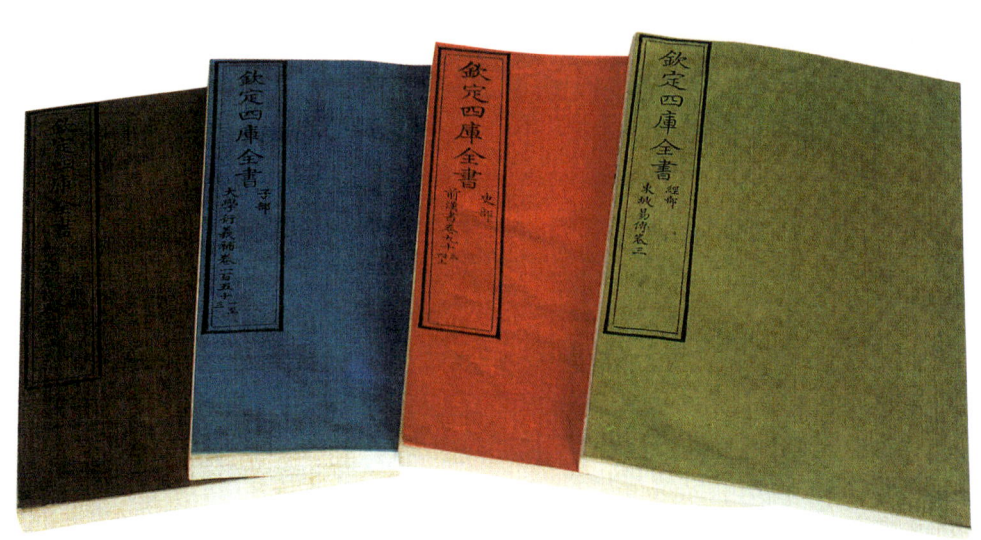

《四库全书》样本

"文治之极隆"

经济的繁荣不一定带来文化的昌盛,但没有经济作后盾,文化昌盛却是不可能的。经过康、雍、乾三朝,清朝渐入盛期,边疆稳固,社会安定,国家财力充足。据《清实录》载,明末崇祯时全国耕地总数6.7亿亩,雍正二年(1724)达到了8.9亿余亩,乾隆三十五年(1770)增至9.5亿亩,至乾隆末年,已超过10亿亩,比明朝末年多出3亿多亩。人口发展也很快,康熙六十一年(1722)突破1亿大关,至乾隆五十五年(1790),突破了3亿大关。粮食产量约计2040亿斤,人均口粮约680斤。财政持续增长:顺治时,入不敷出;康熙晚年,库存银800万两;乾隆时,常年保持在8000万两上下,是康熙晚年的10倍。国家财政充足,才有条件施惠于民。乾隆时,先后4次蠲免全国钱粮,总额达1.2亿两,堪称中国历代蠲免之最,突出地显示了盛世的经济繁荣。

经济强大了,乾隆启动了文化盛世工程——编纂《四库全书》。《四库全书》是中国乃至世界历史上规模最大的一套丛书,它汇集了从先秦到清代前期的历代主要典籍。

《四库全书》的编纂开始于1772年,1781年第一部《四库全书》抄录完成。1784年《四库全书》编纂工作完成,耗时15年,共计抄录了7部。

《四库全书》分经、史、子、集四部,故名《四库》。收录图书1503种,79337卷,36304册,总字数为99700多万字。全书共有230万页,连接在一起,足可以绕地球一圈。一部9亿多字的书用毛笔书写7遍,而且不能有错讹之处。一部书按页排开即可绕地球一圈,7部绕地球7圈,如此浩大的工程,在中国历史上是空前的,在世界历史上也是空

文渊阁,位于北京故宫东华门内文华殿后,乾隆三十九年至四十一年(1774—1776)建成,是皇家收藏《四库全书》的图书馆

文渊阁两山墙青砖砌筑,简洁素雅。黑色琉璃瓦顶,绿色琉璃瓦剪边,喻示黑色主水,以水压火,以保藏书楼的安全。阁前凿一方池,引金水河水流入;池上架一石桥,石桥和池子四周栏板都雕有水生动物图案,灵秀精美

前的，而且是绝后的，因为不会有人再用毛笔抄如此巨大的书。

编入《四库全书》的书要经过严格的程序，第一步，向天下征集；第二步，对从民间征集来的和官府中已有的图书进行内容审查，分类；第三步，即是对应抄之书进行抄写。先后在全国选拔了3826人担任抄写工作，为了保证进度，规定每人每天抄写1000字，每年抄写33万字，5年限抄180万字。5年期满，抄写200万字者，列为一等；抄写165万字者，列为二等。按照等级，分别授予州同、州判、县丞、主簿等四项官职。发现字体不工整者，罚多写10000字。由于措施得力，赏罚分明，所以《四库全书》的抄写工作进展顺利。第四步是校订。这是最后一道关键性工序。为了保证校订工作的顺利进行，《四库全书》馆制定了《功过处分条例》，一书经分校、复校两关之后，再经总裁抽阅，最后装潢进呈。这对于保证《四库全书》的质量确实起了重要作用。

如此之大的工程，如果没有一个安定的社会环境是无法完成的；如果得不到最高统治者的重视也是完成不了的。《四库全书》从征书、选择底本，到抄书、校书，乾隆都一一过问，亲自安排。如果没有雄厚的资金来源，难以计数的经费很难筹措；如

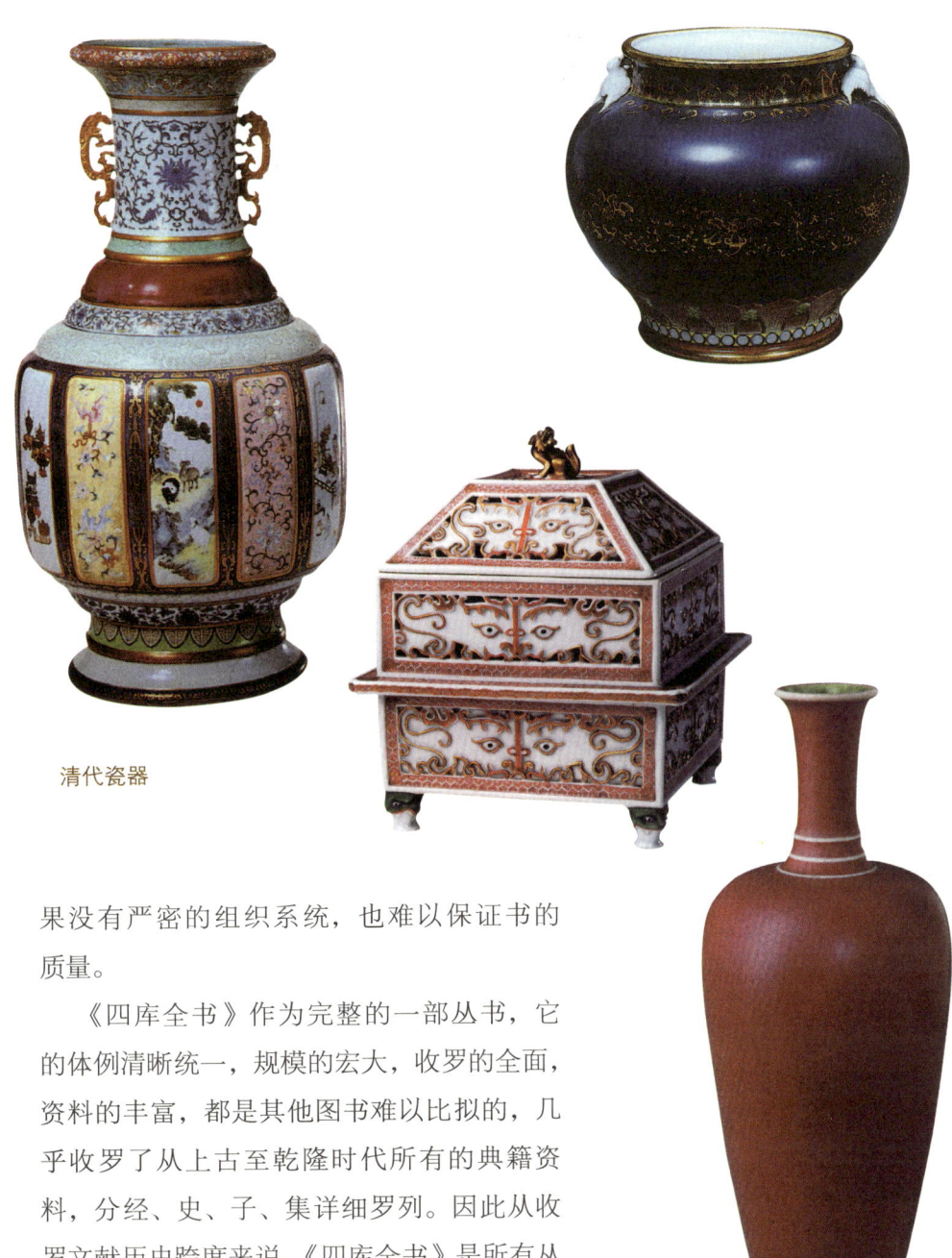

清代瓷器

　　果没有严密的组织系统，也难以保证书的质量。

　　《四库全书》作为完整的一部丛书，它的体例清晰统一，规模的宏大，收罗的全面，资料的丰富，都是其他图书难以比拟的，几乎收罗了从上古至乾隆时代所有的典籍资料，分经、史、子、集详细罗列。因此从收罗文献历史跨度来说，《四库全书》是所有丛

群雄的舞台

知识窗

乾嘉学派

乾嘉学派,是清代的学术流派。又称汉学、朴学、考据学派。因其在乾隆、嘉庆两朝达于极盛,所以史称乾嘉学派。戴震、钱大昕、段玉裁、王念孙为其代表人物。

乾嘉汉学家继承古代经学家考据训诂的方法,加以条理发展,治学以经学为主、以汉儒经注为宗,学风平实、严谨,不尚空谈。以古音学为主要研究对象,通过古字古音以明古训,明古训然后明经,为其共同的学术主张。这一学派首先重视音韵学、文字学、训诂学,然后扩展到史籍、诸子的校勘、辑佚、辨伪,再留意金石、地理、天文、历法、数学、典章制度的考究。在诸经的校订疏解中,取得了超过前代的成就。对古籍和史料的整理,亦有较大贡献。长于考据,这是清代汉学家的传统。

书中最长的,因而就单部的丛书来说,它的历史意义也最为深远。

《四库全书》最大的价值和功用,就在于保存典籍,传承文化,为学者研究并弘扬中国传统文化提供完整的文献资料。《四库全书》集传统文化之大成,不仅是清代文化繁荣的标志,也是中华文化繁荣的标志。

当然,作为中国古代社会的最后一个盛世,自有其时代的局限。如,科举经常进行,官员都有文化,但科技落后,130多年间,没有出现一样如"四大发明"那样具有世界影响的新发明;拒绝对外开放,封闭国门,甚至将西方科技也拒之于门外等等。

历史已经证明,任何一个社会,盛世都是短暂的;任何

康熙与郎世宁

《万国来朝图》轴，清代，本幅无款印
此画描绘的是藩属及外国使臣到紫禁城朝贺的场面。作者以鸟瞰的角度从太和门前的两个青铜狮子画起，将紫禁城中的主要建筑——收入画幅，近大远小，主次分明，层次丰富，在大雪的银装素裹之下，整个场面宏伟壮观

一位明君，都有其致命的弱点；当盛世发展到巅峰状态时，如同登山到顶，再往哪个方向走，都是下坡路。乾隆统治时期，君主专制的程度，无论思想上还是制度上都达到顶点。中期以后，奢侈之风上行下效，并逐渐蔓延至整个统治阶层。与奢侈相伴相生的是官场腐败。与乾隆的后半生保持着特殊关系的宠臣和珅，正是腐化的总代表。他在乾隆死后被抄家时的家产，相当于全国18年的赋税收入。

乾隆晚年，深深陶醉于同历代帝王的比较。自认为不但"得国之正，扩土之广，臣服之普，民庶之安"，无人可与

《塞宴四事图》，郎世宁绘

之比肩，连在位时间、年寿、子孙数目等也很少有人能与之相比。

当乾隆自我陶醉之时，西方列强的坚船利炮已经出没在海上，正在想方设法打开中国的大门。力求"持盈保泰"，绞尽脑汁想留住辉煌的乾隆，急切地关上了国门，生怕外来的风吹散他用60多年的时间聚起来的"气"。事实上，1796年，乾隆把皇位禅让给儿子嘉庆时，随着国内风暴——白莲教起义的爆发，盛世的丧钟就已经敲响，清朝在"盛世"的余晖中无可挽回地走向了衰落。

相关链接

"古稀天子"的长寿秘诀——十常四勿

在中国的皇帝中，乾隆寿高89岁，是寿命最长的皇帝。乾隆在位60年，经历了康熙、雍正、乾隆、嘉庆四朝，享受了七代同堂的天伦之乐，被称为"古稀天子"。

"古稀天子"乾隆将自己长寿原因概括为十六字秘诀："吐纳肺腑，活动筋骨，十常四勿，适时进补。"其中"十常"是：齿常叩，津常咽，耳常掸，鼻常揉，目常转，面常搓，足常摩，腹常运，肢常伸，肛常提。"四勿"为："食勿言，卧勿语，饮勿醉，色勿迷"。

此外，乾隆善骑射，八十高龄还骑马射箭；爱旅游，六下江南；好读书，懂满、蒙、维、藏、汉五种文字；乐诗文，一生作文1300多篇，写诗4万余首；喜书法，所到之处，御笔题咏。这些爱好对修身养性颇有神益。